스펙을 벗고
실력을 입어라

스펙을 벗고
실력을 입어라
ⓒ 최우곡, 2015

초판 1쇄 2015년 8월 28일 찍음
초판 1쇄 2015년 8월 31일 펴냄

지은이 ┃ 최우곡
펴낸이 ┃ 이태준
기획 · 편집 ┃ 박상문, 박지석, 박효주, 김환표
디자인 ┃ 이은혜, 최진영
마케팅 ┃ 박상철
인쇄 · 제본 ┃ 제일프린테크

펴낸곳 ┃ 북카라반
출판등록 ┃ 제17-332호 2002년 10월 18일

주소 ┃ (121-839) 서울시 마포구 서교동 392-4 삼양E&R빌딩 2층
전화 ┃ 02-486-0385
팩스 ┃ 02-474-1413
www.inmul.co.kr ┃ cntbooks@gmail.com

ISBN 978-89-91945-79-1 03320
값 13,000원

이 도서의 국립중앙도서관 출판시도서목록(CIP)은 서지정보유통지원시스템 홈페이지
(http://seoji.nl.go.kr)와 국가자료공동목록시스템(http://www.nl.go.kr/kolisnet)에서
이용하실 수 있습니다. (CIP제어번호 : CIP2015023234)

스펙을 벗고
실력을 입어라

최우곡 지음

신입 사원을 위한 직장 수업

북카라반 CARAVAN

인생의 기로에 선 당신에게

얼마 전 우리나라는 채용 시 학력에 따른 차별을 하지 못하도록 법이 바뀌었다. 하지만 우리는 취업 중에, 또 직장생활을 하면서 도 이런 질문과 자주 만나게 된다. "당신은 고졸인가요? 전문대졸 인가요? 대졸인가요?"

지금 우리의 젊은이들은 어른이 되는 그 순간부터 취업이라는 장애물과 맞닥뜨리게 된다. 앞이 보이지 않는 뿌연 안개 속을 허우적거린다. 주위 사람들에게 들리지 않는 비명을 질러본다. 도와달라! 밀어달라! 끌어달라!

하지만 우리는 대부분 끝을 알 수 없는 절망과 좌절을 겪는다. 누군가는 옆에서 아주 쉽게 이야기한다. "주먹 꽉 쥐고 일어나라. 청춘의 아픔은 금세 지나가는 것이다. 네가 빠진 웅덩이

가 깊어 보이지만 그래도 네 발로라도 기어 나온다면 금세 빠져나올 수 있을 것이다." 우리는 서로 다른 부모님에게서, 서로 다른 모습으로, 서로 다른 재능을 가지고 이 세상에 태어났다. 우리는 처음부터 달랐고 이 세상에 평등한 것은 하나도 없다. 그렇다고 좌절할 수는 없다. 좌절할 필요도 없다. 당신에게 용기가 부족하다면 눈을 들어 주위를 둘러보자. 당신에게 조언을 해줄 수 있는 가족, 형제, 선배들이 가까이 있을 것이다.

뿌연 안개 속을 느리지만 아주 천천히 먼저 걸어갔던 한 사람으로서 사회 첫발을 내딛는 초년생들에게 넘어져도 웃으면서 일어날 수 있는 용기, 상처 받아도 스스로 치유하며 훌훌 털어버릴 수 있는 지혜, 웅덩이에 빠지더라도 얼마든지 빠져나올 수 있는 포기하지 않는 마음가짐에 대해 이야기해주려고 한다.

고졸 취업과 전문대졸 취업, 대졸을 거치면서 그 나름의 직장생활이 다르다는 것을 이해하게 되었다. 나에게 바라는 기대치가 다르듯이, 그 속에는 각기 다른 기회가 있었다. 대졸이 이해하지 못하는 고졸의 삶, 고졸과 대졸이 전혀 이해하지 못하는 전문대졸의 삶, 또 대졸로서 꼭 행해야 하는 것이 분명히 있다는 것을 깨닫게 되었다.

내가 이 책을 쓰고자 용기를 낸 것은 2013~2014년 동안 여러 취업설명회와 취업박람회를 다니면서였다. 그 속에서 학

력과 경력이 다르고, 다양한 스펙을 지닌 사람들을 만났고, 그런 다양한 사람들에게 우리는 모두 똑같은 설명을 하고 있는 어리석음을 범하고 있었다. 듣고 싶은 말이 아니라 하고 싶은 말만 하고 있었던 것이다.

우리는 흔히 청춘에게 똑같은 기회가 주어진다고 이야기한다. 그렇다. 똑같은 기회가 주어지기는 한다. 우리에게는 모두 똑같이 하루에 24시간이 주어진다. 단지 그것만 똑같다. 그 외에는 결코 똑같은 기회가 주어지지 않는다는 것을 우리는 너무나도 잘 알고 있다. 그럼에도 우리는 의식 중에 때로는 무의식 중에 똑같은 기회가 주어진다고 새빨간 거짓말을 하고 있다. 아마도 청춘의 꿈을 짓밟을 수 없기 때문일 것이다. 아이들이 성장해서 어느 정도 세상을 받아들일 준비가 되었을 때 그때 알게 된다면 덜 상처받고 덜 좌절하겠지 싶어서……. 하지만 우리는 이미 알 것은 다 안다. 오히려 좀더 자기 자신을 직시할 수 있도록 어른들이 솔직하게 알려주어야 한다.

어떤 청년이 있었다. 그는 어려운 가정형편에도 열심히 노력해 부모의 도움 하나 없이 대기업에 취직을 했고, 가정을 꾸리게 되었으며, 은행대출로 주택자금을 마련했다. 그 청년은 남은 인생 중 10~20년을 수억의 대출원금과 이자 상환의 부담 속에서 살아야 한다. 외식 한번 해외여행 한번을 가려면 계산하고 고

7

민해야 한다. 이건 지금 나의 모습이기도 하다. 그 후 중년이 되고 자녀를 결혼시켜야 할 나이가 되면 또 자녀를 위해 노후자금의 일부를 나누어야 할지도 모른다. 하지만 이런 힘겨운 인생을 살아가는 우리 청년들은 상대적으로 소득이 많다는 이유로 더 많은 세금을 내고 국가가 지원해주는 혜택(보건소, 고용환급 교육기회, 저금리 대출 등)에서 많은 부분 제외되는 경우를 종종 보게 된다.

반면에 경제적으로 능력이 있는 부모님을 둔, 중소기업을 다니는 운 좋은 청년이 있다고 가정을 해보자. 이 청년은 결혼할 즈음 어쩌면 부모님에게서 주택구입 자금을 지원받을 수 있을지도 모른다. 주택구입과 관련한 경제적 부담이 줄어든다면 우리의 인생은 훨씬 더 윤택해질 것이다. 여행도 외식도 좀더 편하게 할 수 있게 될 것이니까. 또 근로소득이 적다면 경제적 약자를 위한 많은 혜택도 받을 수 있게 된다. 내가 말하고 싶은 것은 경제적 불평등과 그 불평등의 상속에 관한 이야기가 아니다. 아무리 평등을 추구한다고 하더라도 어쩔 수 없이 끊임없이 불평등한 상황에 맞닥뜨릴 수밖에 없는 현실을 이야기하고 싶어 예를 든 것뿐이다. 나는 사회가 평등하며 누구에게나 똑같은 기회가 주어질 것이라고 청소년들에게 이야기해서는 안 된다는 것을 강조하고 싶다.

서로 다른 환경에서 자라나는 청소년들은 서로 다른 사회에서 첫발을 내딛는다. 현재를 살아가는 청년들의 최고의 관

심사, 취업이라는 문제에서 고졸, 전문대졸, 대졸이라는 서로 다른 학력은 필연적으로 서로 다른 출발 지점을 만든다. 그러나 시중에 나와 있는 취업과 꿈에 관한 많은 책들은 대졸자를 위한 것이다. 정부에서는 청년 취업률을 높이기 위해 고졸과 전문대졸의 취업을 다각도로 장려하고 있지만, 이들이 사회에서 겪어야 하는 혼란과 어려움에 대한 지침서는 찾아보기가 힘들다. 그래서 용기를 내어 이 책을 쓰게 되었다. 고졸의 학력으로 취업을 하는 청년들에게 용기를 주고, 그들이 전문대졸, 대졸로 변화할 때마다 그 과정에서 내가 했던 고민들이 조금이라도 도움이 될 수 있기를 희망하면서 말이다.

인생에서 연습이 허락되는 것일까? 과연 살아가면서 삶을 뒤돌아보고 다시금 다른 길을 찾아 나설 기회가 있을까? 이 질문에 정답은 없다. 누군가는 인생은 매일매일 실전이지 연습은 없다고 말할 것이고, 다른 누군가는 우리 인생에도 연습의 기회가 있다고 말하기도 할 것이다. 내 생각에는 누구나 인생 연습을 할 수는 있다. 다만 그 기회비용이 모두 다를 뿐이다. 즉, 연습 비용이 다르다. 개인이 처한 상황이 모두 다르기 때문이다. 인생의 어느 한 부분을 연습으로 돌리기 위해서 누구는 100만 원, 또 누구는 1,000만 원, 또 다른 누군가는 1억 원을 지출하게 될지도 모른다. 그럼 과연 나는 인생 연습을 위해 얼마까지 지출할 수 있을까?

언젠가 회사에서 만난 직장 선배는 딸에게 가슴 아픈 이야기를 한 적이 있다고 털어놓았다. 딸은 나름 괜찮다는 대학에 다니고 있었는데 아버지에게 재수를 하고 싶다고 말했다고 한다. 하지만 그 선배는 "아빠는 정말 하루하루 힘들게 일하면서 회사를 다닌다. 만약 네가 재수를 하게 된다면 아빠는 이 힘든 직장생활을 1년 더 견뎌야 한다. 지금 다니는 대학도 나는 충분히 만족스러우니 네가 아빠의 마음을 이해해주고 지금의 위치에서 열심히 해주면 안 될까?"라고 답변했다고 한다. 그 뒤 선배의 딸이 어떤 선택을 했는지 모르지만, 나는 그 순간 선배는 최선의 선택을 한 것이라 생각한다.

지금 전문대학에 다니고 있다면, 과연 편입을 하는 것이 좋을까 고민할 것이다. 대학에 다니고 있으면서도 학과가 적성에 맞지 않아 재수·삼수를 고민하거나, 비록 원했던 학과지만 취업이라는 문턱을 넘기 위해서 휴학을 하고 어학연수를 가기도 한다.

진학과 취업의 기로에서 우리는 수많은 시행착오를 하게 되고 적지 않은 수업료를 지불한다. 그 과정에서 수십 년을 돌고 돌아 제 인생을 찾아가는 경우도 있다. 인생에 많은 수업료를 먼저 냈던 사람으로서 나의 경험과 고민을 이 책을 통해 함께 나누고 싶다.

Part2 전문대졸, 당신만의 판을 만들어라 ——

Part3 대졸, 당신들은 임원이다

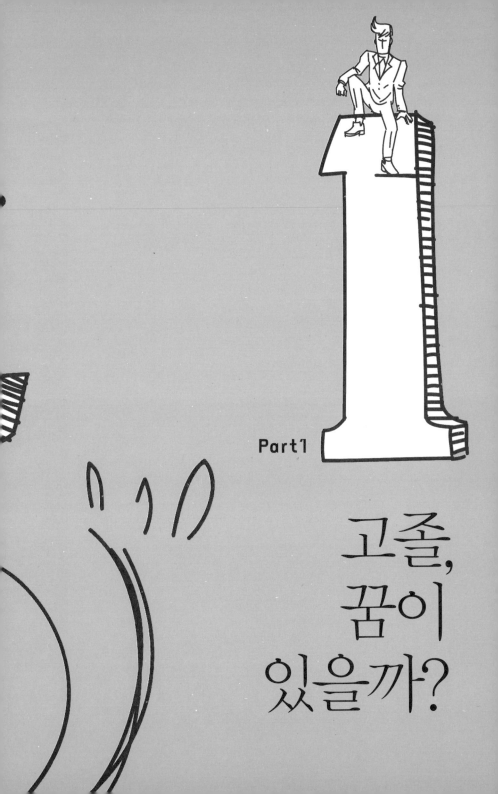

Part1

고졸,
꿈이
있을까?

고졸도 할 수 있다_____

지금은 특성화고, 마이스터고 등 소위 실업계 고등학교에 대한 인식이나 사회에서의 역할이 많이 변했다. 또한 국가적인 장려로 기능대회 입상자 등 일부 학생들은 기업에서 채용하기도 한다. 하지만 내가 고등학교를 졸업하던 1990년대의 분위기는 지금과 사뭇 달랐다. 고등학교를 졸업하면 으레 대학에 진학하는 것으로 생각하는 사람이 많았고, 전문대학이라도 가는 것이 미치 인간으로서 당연히 거쳐야 할 수순처럼 느껴지는 시절이었다. 그렇다 보니 고등학교를 졸업하고 사회로 진출하는 경우는 극히 드물었다.

하지만 오늘날 특성화고 학생들은 교과과정을 통해서든 인터넷을 통해서든 본인의 권리에 대해 잘 알고 있고, 심지어는 자신이 많은 보호를 받아야 되는 존재라고 착각을 하기도 한다. 어떠한 형태든 사회에 진출하면 이제 스스로 일어서는 방법을 배우고 익혀야 하는데도, 기상천외한 사유로 힘들게 들어온 회사를 떠나는 경우를 많이 보았다.

또 안타까운 것은 '신입사원을 위해 선배들이 기술과 노하우를 가르치려고 준비하고 있을 것'이라는 오해다. 회사의 선배 혹은 상사에게 기술과 노하우를 가르쳐야 할 의무가 있는 것은 아니다. 기술이나 노하우 전수는 때에 따라 아주 오랜 시간 천천히 이루어지기도 한다. 그들에게는 이미 하루에 정해진 업무가 있기 때문이다. 하지만 그 시간을 인내하지 못하고 허드렛일만 시킨다며 회사를 그만두는 것이다.

이제부터 하는 이야기를 통해, 고졸 신입사원들이 어렵게 선택하고 선택받은 길에서 좌절하고 실망하는 일이 줄어들기를 기원한다.

뒤죽박죽이던 고졸 시절

솔직히 학창시절 책상 앞에 앉아본 기억이 별로 없다. 친구들과 어울려 정말 신나게 놀았고 대학을 가게 될 것이라고는 전혀 생각하지 않았다. 그렇다고 뭐가 되고 싶다는 구체적인 목표나 꿈도 없었다. 영원할 것 같은 학창시절이 지나고 졸업과 마주한 이후에야 인생에 소중했던 많은 것과 이별해야 한다는 것을 깨달았다. 항상 갑갑하고 뛰쳐나가고 싶은 교실이라는 곳이 얼마나 아무런 걱정이 없는 낙원과 같은 곳이었는지. 너무 늦은 깨달음이었지만 어쩔 수 없었고 마지막 남은 자존심처럼 느껴져서 내색할 수도 없었다.

　　모두가 꿈꾸는 벚꽃이 가득 피어난 봄날의 캠퍼스도, 미팅도, MT도 나와는 상관없는 일이 되었다. 대학에 진학한 친구들이

들고 다니는 토익 책과 두툼한 전공 책에는 눈이 가지 않았지만, 그들이 누리는 청춘과 낭만은 솔직히 부러웠고 나는 더욱 자존심을 세워야 했다. 그때부터 그들과 나 사이에 보이지 않는 벽이 생겨났다. 서로 만날 때는 언제부터인가 우리의 현재와 미래에 대한 이야기보다는 과거, 닭장처럼 좁고 답답하던 그 교실에서의 추억만을 곱씹고 있었다.

또 대학에 진학하지 않은 내가 가장 먼저 맞닥뜨린 어려움은 바로 일자리를 구해야 한다는 것이었다. 학교라는 끈과 연결되어 있는 동안은 아무도 나의 직업에 관심이 없다. 하지만 학교와 이별하는 순간, 가족을 포함해 내가 아침에 눈뜨고 만나는 사람은 대부분 나의 직업에 관심을 갖는다. 아주 신기하게도 그러했다.

주변을 돌아보면 고등학교 졸업 후 대학에 진학하지 않은 많은 청춘이 군 입대 전까지 그냥 무위로 시간을 보내는 일이 많다. 나는 이는 결코 바람직하지 않다고 생각한다. 아무런 경험도, 배움도 쌓지 못하고 내 인생에서 가장 중요한 20대를 그냥 흘려보내는 것은 정말 아까운 일이다. 나는 고졸로 처음 사회생활을 시작했지만, 오늘까지 쉼 없이 일을 해오고 있다. 우리가 부딪치는 부조리하고 불공평한 세상에서 움츠러들고 숨는 것이 아니라 당당히 나가 그 틈을 비집고 들어가야 하는 것이다.

내가 처음 소위 말하는 돈벌이를 시작한 것은 고등학교

3학년 시절 취업을 나가면서다. 그곳은 내가 살던 대구와는 좀 먼 울산의 해수욕장 인근에 있는 빵집이었고 친구의 삼촌께서 운영하는 곳이었다. 돈을 번다는 즐거움도 있었지만 집을 떠나 친구들과 해수욕장에서 일하게 된다는 것이 무엇보다 설레고 좋았다. 1997년 숙식을 제공받는 조건과 함께 내가 받기로 한 월급은 50만 원. 국립 대학교 등록금이 100만 원을 넘지 않던 시절이었던 만큼 고등학생에게는 매우 큰 금액이었다. 하지만 그 즐거움도 잠시. 매일 5시 30분에 일어나 저녁 9시까지 하루도 쉬지 않고 일해야 했다.

해수욕장은 여름을 즐기는 사람들로 붐볐고 우리는 매일 밀가루와 사투를 벌였다. 주말은 더 바빴다. 힘들었고 또 힘들었지만 당시 아무런 꿈도 없었던 나에게는 달리 다른 길도 없었다. 기술을 배워야 하는 줄도 몰랐고, 공부를 해야겠다는 생각은 손톱만큼도 하지 못했다. 하지만 나는 그곳에서 내 직장 인생에서 가장 소중한 것을 배웠다. 바로 '근태'다. 바로 옆이 기숙사였기 때문에 그곳은 지각, 조퇴, 결근이라는 단어가 존재하지 않는 곳이었다. 이렇게 이야기하면 몰지각한 사장이 청소년들을 강제로 노동시켰다고 혹시 오해하실 분도 계시겠지만, 그 사장님은 참 좋으신 분이었다.

내가 하고 싶은 말은 그곳에서 일을 하면서 단 한 번도 지

각, 조퇴, 결근이 가능할 것이라는 상상을 해본 적이 없다는 의미다. 물론 나는 지금까지 직장생활을 하면서 단 한 번도 지각, 조퇴, 결근을 한 적이 없다. 그때 배운 암묵적인 직장인의 질서가 체화된 것이라 생각된다. 간혹 주변에 보면 신입사원인데도 직장에서의 시간 약속을 지키지 못하고 지각, 조퇴, 결근을 하면서도 회사나 동료들에게 미안함을 못 느끼는 경우를 간혹 보았다. 월급이깍이면 그만이고 일이야 나중에 보충하면 되지 않겠느냐는 생각을 한다. 간혹 예전 직장에서는 괜찮았는데 왜 눈치를 주느냐고도 한다. 하지만 그렇게 직장생활을 시작한 사람은 10년, 20년이 지나도 지각, 조퇴, 결근이 습관화된다. 첫 사회생활에서 눈으로 몸으로 익힌 것이 평생을 간다.

　　나는 취업설명회와 특강을 할 때마다, 항상 두 가지를 강조한다. 첫 번째는 자질보다는 태도를 갖추라는 것이다. 출근과 퇴근을 비롯한 회사 내에서의 태도 말이다. 두 번째는 도대체 무엇을 해야 하는지도 모르겠고 내가 나중에 무엇이 될지도 모르는 학생들에 관한 이야기다. 안타깝게도 학생들 대부분이 그렇다. 그런데 우리는 이런 학생들에게 자꾸 꿈을 가지라고 이야기한다. 꿈이 무엇인지 모르겠는데, 무엇을 해야 하는지도 모르겠는데 자꾸 꿈을 가지라고만 한다. 슬픈 일이 아닐 수 없다. 그래서 나는 그냥 기술을 배우라고 한다. 중화요리 전문점에서 아르바이트를 하게

되었다면 배달보다는 주방에서 일을 배우라는 것이다. 기술과 관련한 모든 직업은 경력과 기술의 숙련도에 따라 임금이 축적되기 때문이다. 그 일이 평생 직업이 되지 않더라도 아직 꿈을 정하지 못한 청춘이라면 당연히 기술을 배워야 한다.

혜성처럼 등장한 스포츠 스타는 젊은 시절 연봉 몇 십억 원을 받기도 하지만, 신체적 한계가 드러나는 시점이 오면 연봉이 하락하고 보통 40세 전후로 은퇴를 하게 된다. 하지만 기술직은 시간이 지날수록 기술이 숙련되어 연봉이 올라가고 60세에 정년 퇴직을 해도 기술을 찾아주는 곳이 있기 마련이다.

내가 진정한 의미의 첫 월급을 받은 곳 또한 내가 어린 시절부터 나름 열심히 갈고 닦은 기술 덕분이었다. 1998년 고등학교를 졸업하고 사회인으로 처음 취업을 한 곳은 내가 살던 동네의 어느 태권도 학원이었다. 그곳은 내가 초등학교 시절부터 형과 함께 다녔던 곳인데, 관장님이 학교를 졸업하고 무엇을 해야 할지 몰라 머뭇머뭇 방황하는 나를 붙잡아주셨다. 솔직히 아버지의 엄명 때문에 매일매일 그곳에 다녔지만, 태권도 학원을 다니는 일이 항상 즐거운 것만은 아니었다. 특히 추운 겨울날 얇은 도복 위에 두터운 외투 하나 입고 나서는 그 길이 어린 나에게 좋았을 리 없었다. 하지만 꾸역꾸역 그곳을 근 10년간 다녔고 고등학교 졸업 무렵에는 3단을 취득하고 4단(당시 만 18세 이상만 취득 가능)을 취득

할 수 있는 자격을 갖추게 되었다. 나에게 천금 같은 취업의 기술이 되어준 것이다.

　요즘은 학원 수업이 좀더 세분화되었는지 모르겠지만, 그때는 새벽 성인, 낮에는 유치원생부터 초등학생까지, 저녁에는 중고등학생과 성인이 한 공간에서 수업을 들었다. 덕분에 한 가지 배운 것은 고객 맞춤 눈높이 대화였다. 예를 들어 학원 위치를 설명해줄 때, 유치원생에게는 햄버거 가게 옆 건물, 초등학생에게는 오락실 건물 2층, 성인에게는 지구대(파출소) 뒤편 건물이라고 이야기해주는 것이다.

　예전이나 지금이나 아이들은 흥미를 잃으면 무언가를 오래 지속하기가 힘들다. 특히 다섯 살짜리 아이들과 함께 운동을 하는 것은 정말로 도를 닦는 기분이다. 끊임없이 이어지는 질문에 대답을 해주어야 한다. 놀라운 점은 사범이 그냥 서서 이야기할 때와 무릎을 꿇고 눈을 맞추고 이야기할 때 아이들이 느끼는 집중도와 호감이 다르다는 것이다.

　이것은 모든 연령에서 다 마찬가지인 것 같다. 특히 나중에 리더의 자리에 가게 되면 어떤 질문에도 성실하게 답할 수 있는 마음 자세와 상대방을 이해시킬 수 있는 설득력이 필요하다. 조직에서 가장 안타까운 장면 중 하나가, 과거 자신이 극도로 혐오했던 상사와 똑같은 행동을 하는 선배를 보는 것이다. 그것은

현 상황에서 상대방의 입장을 생각해보지 않았기 때문이거나, 은 연중에 선배가 그의 모습을 흡수했기 때문이다. 마치 남자들이 "절대 아빠처럼 안 살아야지" 하면서 어느 순간 아버지와 똑같은 자신과 마주하는 섬뜩한 경험을 하는 것처럼 말이다.

한때 '럭키스트라이커'(바다이야기 전신)로 통칭되는 사행 성 게임이 전국을 강타한 적이 있었다. 많은 이들이 돈을 잃을 확 률이 높다는 것을 알고 있으면서도 저녁이 되면 좀비처럼 그곳으 로 몰려들었다. 사행성 오락실이 우후죽순처럼 생겨났고 상가 지 구를 넘어 주택가 뒷골목까지 진출했다.

나는 아주 우연한 기회에 그곳에서 잠깐 아르바이트를 했 다. 여느 집과 마찬가지로 당시 우리 집도 IMF의 직접적 영향을 피해가지 못했고, 그에 따른 경제적 어려움으로 나는 돈이 절박하 게 필요했다. 그곳은 밤을 새우는 대신 벌이가 짭짤했다.

그곳에서 나는 많은 꾼들을 관찰할 기회가 있었다. 그 결 과 게임을 즐기는 사람은 게임을 좋아하지 않는 사람에 비해 참을 성이 부족하고, 호기심이 강한 편이라는 것을 알았다. 나름 고객 관리 차원에서 나는 그들과 많은 대화를 했으며, 그 대화를 통해 인생의 많은 것을 배웠다. 그들은 돈을 잃고 감정을 퍼붓는 일이 많았는데, 이때는 그냥 기다리는 것이 최선이다. 최대한 경청하는 표정과 제스처를 취하고 이야기를 끝까지 들은 후에야 나에게 발

언권이 주어진다고 생각해야 한다. 회사는 섣부른 반박이 전쟁으로 이어지는 곳이다.

극히 드물기는 하지만 내가 만난 몇몇 회사원은 마치 사행성 게임장에서 본 그들과 흡사했다. 누군가 한 대 때려주기만 한다면 모든 것을 절단 낼 것처럼 항상 날이 서 있다. 놀랍게도 그중 극히 일부는 업무 능력이 아주 뛰어난 사람도 있었다. 만약 운 없게도 그런 사람과 하루의 절반을 보내야 한다면, 또 그런 불행 속에서 그 자리를 박차고 나갈 용기와 능력이 없다면 그냥 최대한 잘 지내야 한다. 나에게 주어지는 발언권은 그가 모든 이야기를 다 털어놓고 지쳐서 더는 할 말도 없어 보일 때 그때 아주 잠깐 스치듯 주어지는 것임을 알아야 한다.

그 뒤로 나는 그나마 고졸로서 이력서에 한 칸을 쓸 수 있는 장기간의 근무를 했다. 그곳은 대구 소재 프랜차이즈 회사였는데, 나는 이곳에서 일하면서 인적자원관리HR와 정보(트렌드)의 중요성을 깨달았다. 50개가 넘는 분식 체인점을 관리하면서 나는, 내가 아닌 우리가 되어야 한다는 것을 알았다.

믿고 맡길 사람이 있는가? 지금 내가 믿고 맡길 사람이 없다면 많든 적든 모든 일을 나 혼자서 처음부터 끝까지 마무리해야 한다. 아무리 유능한 사람이라도 엄청난 업무량 속에서 허우적대다 보면 실수하기 마련이다. 같은 일을 하면서 믿고 맡길 사람이

없다는 것은 그만큼 외롭고 피곤한 일이다.

가령 어떤 부하 직원이 매일 늦게 출근한다면, 상사는 그 부하 직원에게 사무실 출입 열쇠를 맡기며 사무실에 제일 먼저 출근하라고 이야기하지 않는다. 조기 출근하는 것이 의무도 아닌데 그 친구에게 사무실 열쇠를 맡기는 것은 너무 가혹한 처사며 미안한 일이라는 것을 상사가 본능적으로 알기 때문이다.

인적자원관리, 즉 사람 관리는 신용에서 시작해 신용에서 끝난다고 해도 과언이 아니다. 결국 신용은 신뢰와 책임이 바탕이 된다.

직장생활을 다룬 드라마를 통해 "현장을 잘 알아야지 말입니다"라는 말이 유행하면서 '현장'을 안다는 것에 대한 사회적 관심이 높아졌던 적이 있다. 사람들 간에 스쳐 지나는 소소한 이야기가 모이면 바로 정보가 된다. 그런데 이런 정보는 가만히 앉아서 들을 수가 없다. 부지런히 현장에서 움직여야만 더 많은 정보가 나에게로 모여든다. 요즘은 인터넷의 발달로 앉은 자리에서 얻을 수 있는 정보의 양이 많아졌지만 그것은 누구나 알 수 있는 정보고, 생생하게 살아 있는 정보는 현장에서 사람의 입을 통해 나온다.

고졸도 꿈이 있다

2013년 5월 모교인 대구 동부공업고등학교를 방문했을 때의 기억은 언제나 생생하다. 당시 3학년 취업준비생 130명을 대상으로 특강을 했다. 강의 도중 "지금 자신에게 명확한 꿈이 있는 사람?"이라는 질문을 던졌고, 그중 딱 한 학생이 손을 들었다. 내 질문이 잘못된 것인가? 아니면 우리 후배들이 잘못된 것인가? 시공간이 정지된 느낌이란 그런 기분이 아닐까 싶다. 그 친구들에게 꿈이란 그저 텔레비전에 나오는 성공한 사람들의 이야기, 나와는 상관없는 이야기로 치부되고 있었다. 나 또한 그 아이들과 같은 시간들을 견뎌내던 그 시절, 꿈이라는 단어에 대해 다시 생각했다. 그때 나는 잘 알고 있었다. 내가 미래를 위해 아무 준비도 하고 있지 않다는 사실을…… 아마도 '꿈은 공짜로 꾸면 안 되는 것'이라는 생

각을 어렴풋이 하고 있었던 것 같다. 공부든 뭐든 노력이 있어야 되고, 그에 걸맞은 적당한 금전적 지원까지 따라주어야 한다는 것인데, 우리는 우리 아이들에게 너무 쉽게 꿈을 이야기하고 있는 것 같다.

그 시절의 나는 꿈보다는 현실적으로 돈을 빨리 벌고 싶었다. 그것뿐이었다. 꿈과는 먼 삶이라고 생각했다. 너무나 섣부르게 꿈이 없는 학생을 질책할 뻔한 자신을 돌아보았다. '여러분의 꿈은 무엇입니까?'라는 질문 대신 '여러분이 지금 당장 하고 싶은 것은 무엇입니까?'라는 질문을 했어야 했다.

꿈에 대한 질문에 머뭇거리던 학생들도 '당장 하고 싶은 일'이 무엇이냐는 질문에는 다양한 대답을 한다. 치킨 가게를 하고 싶다는 학생, 헬스 트레이너가 되고 싶다는 학생, 용접기술을 배워 제조업에서 일하고 싶다는 학생까지…….

지금 당장의 목표를 설정하고 이루어가는 것과 꿈을 가지고 이루어가는 것은 분명 다르다. 하지만 꿈을 가지면 사치가 되어버리는 이들에게는 분명 그 이전의 단계인 조금은 현실 가능한 목표를 설정하는 것이 어쩌면 더 중요한 것일 수 있다. 당장 하고 싶은 일을 찾아라. 그리고 도전하라.

삶은 꿈을 현실로 만드는 과정이고 거기에 삶의 의미가 있다. 목
표와 꿈은 다르다. 목표를 가진 사람은 성실하지만 꿈을 가진 이
는 행복하다.

● 이동섭, 『반 고흐 인생수업』

모든 사람에게 항상 공평한 것이 시간이라고 한다. 누구
에게나 똑같이 주어지는 하루 24시간이지만, 우리는 그 시간을 모
두 다르게 보내고 있고, 인생의 후반부로 갈수록 그 결과는 가혹
하리만큼 냉정하다. 그래서 나는 학생들이 '하고 싶은 일'에 대해
상상하는 버릇을 가졌으면 좋겠다고 생각한다. 상상 속에서는 누
구나 자유롭다. 그러니 성공할지 실패할지 미리 계산하지 말고 마
음껏 상상했으면 한다. 그것이 청춘의 특권이니까. 우리나라는 실
패 비용이 다른 나라보다 크다고 한다. 한 번 실패했을 때 다시 일
어나서 성공할 수 있는 확률이 적다는 뜻이다. 하지만 한번에 성
공하는 사람이 과연 얼마나 될까? 실패의 경험이 쌓여 성공의 기
회가 생기는 것이다.

내가 처한 현실이 다른 사람에 비해 유리한 것 하나 없고,
때로는 가혹하다는 생각이 들더라도 누구에게나 시간은 똑같이
흘러간다. 내가 깨어 있는 시간 동안 다른 사람보다 많이 상상한
다면 좀더 효율적으로 시간을 쓴 것이라 볼 수도 있다. 실행에 옮

기지도 못하는 상상만 해서 어디다 쓸 것이냐고 반문할 수도 있겠지만, 세상의 모든 성공은 상상에서 비롯되었다. 생각이 꼬리에 꼬리를 물면서 궁금증도 생기고 그것을 찾아보면서 공부도 된다. 그런 공부들이 당장은 쓸모없어 보이더라도 그것이 어느 순간 '기회'라는 녀석과 만나면 '실행'이라는 결과를 낳는다. 보잘것없는 능력과 텅 빈 주머니 사정일 때일수록 상상을 해야 한다.

다음은 고민하는 청춘이라면 누구나 한 번쯤 들어봤음직한 이야기다. 어느 겨울날 미국 중서부 콜로라도의 한 레스토랑 앞에 하얀 양복을 멋있게 차려 입은 백발 노인이 슬픈 표정으로 서 있었다. 999번째 퇴짜! 노인의 나이 65세. 더는 어떤 것도 할 수 없을 것 같은 생각이 밀려오자 노인의 눈에 서서히 눈물이 고였다. 그때 골목에서 친구들과 놀고 있던 아이가 다가와 노인에게 말을 걸었다.

"할아버지는 왜 여기서 울고 계시는 거예요? 그리고 이 하얀 옷은 왜 입으신 거예요?"

그 질문에 그는 "나는 몇 년 후 이곳에 아주 큰 식당을 지을 예정 중에 있단다. 음식이 너무 맛있어서 금세 소문이 나고 내 음식을 먹기 위해 모여든 사람들로 끝이 보이지 않는 줄이 늘어설 거야. 사람들이 내가 만든 음식을 맛있게 먹을 생각에 무척 기쁘고 손님들께 '찾아주셔서 감사합니다'라고 인사하는 내 모습을 상상

하니 가슴이 벅차서 이곳에서 움직일 수가 없구나"라고 말했다.

그 백발의 노인은 커널 샌더스였고 그때 그의 나이 65세였다. 그 후에도 그는 10번 더 퇴짜를 맞았고, 68세가 되던 해 1,010번째로 찾아간 레스토랑에서 치킨 한 조각당 4센트의 로열티를 받는 조건으로 계약을 체결하게 된다. 그 치킨은 불티나게 팔려나갔고, 그렇게 전 세계 1만 개 이상의 점포를 가진 세계적인 프랜차이즈 KFC가 탄생했다. 후에 커널 샌더스는 이런 말을 남겼다.

훌륭한 생각, 멋진 아이디어를 가진 사람은 무수히 많습니다. 그러나 행동으로 옮기는 사람은 드뭅니다. 저는 남들이 포기할 만한 일을 포기하지 않았습니다. 포기 대신 무언가 해내려고 애썼습니다. 실패와 좌절의 경험도 인생을 살아가면서 겪는 공부의 하나랍니다. 현실이 슬픈 그림으로 다가올 때면, 그 현실을 보지 말고 멋진 미래를 꿈꾸세요. 그리고 그 꿈이 이루어질 때까지 앞만 보고 달려가세요. 인생 최대의 난관 뒤에는 인생 최대의 성공이 숨어 있답니다.

꿈을 세분화하라

매스컴에서는 '학력 차별'이 없는 사회라고 떠들어대지만, 솔직히 고졸 학력으로 선택할 수 있는 직업군은 많지 않다. 특별한 재능도 없고 소위 금전적인 뒷받침을 해주는 지원자가 없으면 대부분 서비스업이나 상대적으로 육체노동을 많이 하는 제조업에서 사회생활을 시작하게 된다. 사회가 고졸 직장인을 바라보는 시각은 생각보다 냉정하다. 거울에 비친 내 모습에 솔직해져야 한다. 혹시 고졸인 당신은 다른 고졸사원을 보면서 조금은 만만하다는 생각을 한 적이 없는가? 한 번이라도 그런 시각으로 누군가를 바라보았다면, 사회가 바라보는 고졸이 어떤 모습인지 더는 이야기할 필요가 없다. 자신이 바라보고 평가한 다른 고졸사원의 모습이 바로 자신의 모습이며, 내가 발 딛고 서 있는 세상이다.

현실적으로 일반 사회에서 고졸과 대졸을 다른 시선으로 본다는 것을 일단 알아야 한다. 그다음 나의 노력이 정말 최선인지 항상 자문해야 한다. 주변에 나와 비교할 수 있는 대상이 없다면 '5분의 법칙'을 기억하면 된다. 동료보다 5분 일찍 출근하고 5분 늦게 퇴근하면 된다. 그렇다면 상사나 주변의 동료가 부지런한 직원, 성실한 직원으로 생각할 것이다. 또 회사에서 인정받는 사람을 유심히 관찰하고 그 사람이 어떻게 행동하는지 기억하라!

동양인임에도 박지성 선수가 유럽에서 성공할 수 있었던 이유는 의외로 단순했다. 한 방송에서 "박지성 선수의 발에 하얀 페인트를 묻혔다면 그라운드가 하얀색으로 바뀌었을 것이다"라는 말로 그를 표현하는 것을 본 적이 있다. 핸디캡을 극복하고 최고의 축구 리그에서 살아남기 위해서는 다른 사람이 넘볼 수 없을 정도로 최선을 다하는 것이 가장 확실한 방법이다. 박지성 선수가 그의 아버지와 나눈 대화를 보면 그가 어떻게 꿈을 키워갔는지 잘 알 수 있다. "처음부터 최고가 될 수 있다고 생각하지 않아요. 처음에는 10분, 그다음은 20분 그리고 전반전을 뛰어도 만족할 거예요. 그러다 보면 저도 언젠가는 루니와 어깨를 나란히 하는 선수가 될 수 있을 거예요."

아직 초보자인데 처음부터 최고가 되려고 한다면 도저히 할 수 없을 것 같아 시도도 하기 전에 포기하게 되는지도 모른다.

박지성 선수는 자신의 위치에서 단계별로 목표를 세분화하고, 그 단계에서 최선을 다한 후 다음 단계로 나아갔다. 마치 우리가 게임에서 스테이지를 하나씩 클리어해나가는 것처럼 말이다. 한 단계를 통과하는 과정에는 많은 좌절이 있겠지만 가까스로 그곳을 통과하면 성취라는 것과 만난다.

고졸자가 사회인으로 인정받기 위해서는 단계별로 목표를 세우고 꿈을 세분화하는 것이 중요하다. 도대체 내가 하고 싶은 게 무엇인지 꿈이 무엇인지 모르겠다면, 일단 내가 가장 잘하는 것부터 시작하고 도전하라! 가만히 있는데 달라지는 것은 세상에 아무것도 없다. 뭐라도 시작하고 도전해야 하고 싶은 꿈이 생긴다. 꿈 없어 그냥 있으면 영원히 꿈이 생기지 않는 악순환이 반복된다.

그저 기술이라도 배워야겠다는 마음이 든다면, 1년·2년·3년 목표를 세분화하고 지금 바로 직업훈련원에 등록을 하자. 뭐라도 시작해야 한다. 지금 가만히 앉아 누군가의 도움을 기다릴 시간이 우리에게는 없다.

거울에 자신의 모습을 비추어보라

과거 운동할 때 지도자에게 "자신의 몸은 자신이 제일 잘 안다"는 이야기를 종종 들었다. 운동이 힘들고 아프면 시키는 사람은 알 수 없으니 아픈 사람이 이야기를 하라는 것이었다. 자신이 아픈데도 휴식을 취하거나 치료를 받지 않고 운동을 계속한다는 것은 어리석은 행동일 뿐 아니라 운동선수의 생명과도 밀접한 연관이 있는 말이다.

이 말은 비단 운동에만 해당하는 것은 아닌 것 같다. 현재 자신이 처한 상황을 가장 정확히 알고 있는 사람은 본인이다. 평소 스스로에게 관심을 가지고 고민하는 자세를 취한다면 현재 내가 어떠한 일을 해낼 수 있는지, 본인의 역량이 어느 정도인지 냉정하게 판단할 수 있을 것이다. 도저히 내가 할 수 없는, 나의 역량

을 넘어서는 업무를 하게 된다면 힘든 것은 물론 서서히 지쳐가게 될 것이다. 그뿐 아니라 함께 업무를 하는 동료들도 힘들어질 것이다.

간혹 어렵게 취업했는데 오래 다니지 못하고 퇴사를 하는 일이 있다. 대부분 '나의 성향과 적성과 맞지 않고 일이 힘들다. 내가 생각한 일이 아니다'라고 이야기를 한다. 이런 사례는 자신의 상황을 정확히 파악하지 못하고 일단 덮어놓고 입사한 경우가 아닐까 생각한다. 역량이 되지 않는데 욕심을 부려 입사를 한 경우 또는 어떤 회사인지도 정확하게 알지 못하는 상황에서 그저 임금이 높다는 이유로 입사를 하거나, 친구가 같이 입사를 하자고 하니 어떤 회사인지 모르면서 동반 입사를 하게 되는 경우도 실제로는 많이 있다. 많은 사람들이 미래의 비전이 아닌 월급을 기준으로 취업을 한다. 당신이 고졸 사회인으로 당당하게 설 각오를 했다면 돈이 아닌 내가 향후 10년, 20년, 30년 후 무엇을 할 수 있을지를 상상해보면 좋겠다.

언젠가 〈다큐멘터리 3일〉 '다시 길 위에 서다: 서울 동부 기술교육원 72시간'이라는 방송을 보았다. 가장이라는 이름으로 한평생 달려온 우리의 아버지들이 은퇴 후 인생 2막을 위해 또다시 길 위에 서게 된다는 내용이다. 여생을 기술과 함께하고자 기술교육원에 들어간 50대 이상의 재학생 600명! 은퇴한 어르신들

이 내일을 위해 오늘을 담금질하면서 꿈을 키우고 도전하는 모습을 보면서 감동과 함께 반성을 하게 되었다.

용접, 미장, 조경, 보일러 기술을 익히기 위한 그들의 열정은 여느 20대 못지않았다. 1955년부터 1965년 사이 출생한 '베이비붐' 세대로서 전쟁 직후 세계 최빈국을 경제대국으로 성장시킨 그들의 꿈은 과연 무엇일까? 잃어버린 꿈을 찾아 기술을 익히며 인생의 은퇴를 늦추기 위해 노력하는 그들. "젊을 때는 집 사기 바빴고, 자녀 교육비 부담에 힘겨운 시간을 보내며 자신의 노후 관리에 대해서는 좀 소홀할 수밖에 없었다. 또 아무도 내게 '노후를 준비해야 된다'고 이야기해주는 사람도 없었다"라고 인터뷰한 어느 나이 지긋한 교육생의 말처럼 아무도 우리에게 미래를 어떻게 준비하라고 이야기해주지 않는다. 그것은 예나 지금이나 마찬가지일 것이다. 나의 미래는 지금 이 순간의 선택으로 결정하는 것이기 때문에 누구의 도움도 받을 수 없는 것이 어쩌면 당연한 것인지도 모르겠다. 나에게 남은 미래는 어쩌면 내일까지일 수도 있고, 1년, 10년, 50년 후가 될 수도 있다.

또 다른 교육생은 인터뷰에서 이렇게 말했다. "우리나라 평균수명이 100세가 넘는다면서요. 난 아직 40년 이상이 남았거든요? 이거 배우면 20년을 쓸 수 있다는 거예요. 그래서 희망이 있다고 생각합니다. (남은 40년의 시간) 이제 허비 안 할 겁니다. 절대

허비 안 할 거예요."

고졸인 당신은 미래의 당신에 대해 진지하게 생각하지 못하고 혹여 현재의 인생(시간)을 허비하고 있는 것은 아닌가? 앞으로 80년 세월 동안 길 위에 서야 하는 당신에게는, 그 길이 어떤 길이 되고 그 길 위에서 내가 무엇을 해야 하는지 고민하고 또 고민하는 시간이 절실하게 필요하다.

항상 깨어 있는 눈으로 자신의 현재 모습을 거울에 비추어 보기를. 20대인 당신은 앞으로 많은 날을, 즉 현재까지 살아온 날의 다섯 배의 인생을 더 살아야 하고, 그만큼 더 많은 것을 배우고 익혀야 한다. 가능한 빨리, 더 진지하게 미래에 집중해야 한다. 현재 당신이 제일 잘하는 것과 잘할 수 있는 것을 찾아서 말이다.

공부가 하기 싫은 고졸

지금 이 나라를 살아가는 사람을 좀 다른 관점에서 세 가지로 분류해보고자 한다. 첫째, 성공을 위해 무작정 공부하는 사람. 둘째, 부모님의 재력으로 남보다 조금은 쉽고 편하게 목표에 도달하는 사람. 마지막으로 첫째도 둘째도 아닌 세 번째 부류의 사람이다. 공부도 하기 싫은데, 돈도 없는 사람. 이런 경우는 성인이 되면 요행을 바라는 경우가 많다. 가장 흔한 것이 매주 사는 로또에 삶의 희망을 거는 태도다.

그런데 살아가다 보면 세 번째의 경우로 성공하는 경우는 극히 드물다는 것을 알 수 있다. 솔직히 살면서 그런 경우를 실제로 본 적도 없고, 들은 적도 없다. 막연히 요행을 바라는 사람들은 가슴속의 열정도 어떤 일을 해나갈 능력도 없는 경우가 많다. 세상 누구도 비전이 없는 사람에게 허황한 아이디어 하나만 보고 투자하지 않는다. 후원자는 자신이 찾거나 기다리는 것이 아니다. 후원자가 나를 발견할 수 있도록 반짝반짝 빛나는 보석이 되어 있어야 한다.

우리나라 로또 미수령금이 2,000억 원 가량 된다는 보도를 접한 기억이 있다. 그중에는 1등 당첨자가 15명이나 포함되어 있다고 한다(2013년 7월 기준). 그 15명 모두가 설마 본인이 1등에 당첨되었다는 사실을 모르고 있지는 않을 텐데 말이다. 행운이란 그것을 바라는 사람보다는 묵묵히 그리고 열심히 인생에 충실한 사람에게 찾아올 확률이 높다.

요행을 바라지 않는다면 지금 당신은 공부라는 것을 해야 한다. 만약 죽어라 입시공부 하는 것이 싫어서 이미 특성화고나 마이스터고에 진학을 했다면, 진학한 그곳에서 기술을 공부하면 된다. 내가 가장 안타까운 것은 공부도 하기 싫고, 특성화고에 진학했지만 기술도 배우려 하지 않는 학생이 너무도 많다는 것이다.

그보다 더욱 안타까운 것은 부모들조차도 기름때 묻은 작업복을 입고 기술을 익히는 자녀를 자랑스럽게 생각하지 않는다는 것이다. 이제는 자녀들에서 조금은 솔직하고 떳떳하게 이야기해줄 수 있는 자랑스러운 부모가 되어야 하지 않을까? 공부하기 싫어하는 자녀에게 장기적으로 금전적 지원이 불가한 상황이라면, 너희가 할 수 있는 것은 기술을 익히는 것이라고 말해야 하지 않을까?

제조업의 기술력이 한국 산업의 근간이며 경제 발전의 선봉에 있다고 우리는 알고 있다. 하지만 언젠가부터 우리는 블루칼라를 부끄러워하기 시작했다. 은연중에 '공돌이'라는 말을 쓰면서 그들을 낮은 곳으로 밀어내왔다.

블루칼라와 화이트칼라 중 자신이 어느 곳에 있는 것이 더 행복할지 지금 상황에서 냉정히 판단해야 한다. 부모들 또한 자녀가 어느 쪽에 종사하는 것이 사회적 스트레스를 덜 받을 수 있을지 생각해봐야 한다. 부모들이 자신의 과거와 현재와 미래를 돌이켜 생각해보면서 자녀들에게 진지하게 조언을 해줘야 하지 않을까 싶다.

자신에게 맞는 옷을 입어라

특성화고 학생들을 대상으로 한 강의에서 꼭 하는 질문이 있다. 토끼와 거북의 달리기 사진을 보여주며 '당신은 토끼냐? 거북이냐?' 생각해보라고 하고, 자신이 둘 중 어느 쪽이 가까운지 물어본다.

고졸로서 취업 전선에서 뛰어본 나는 특성화고를 졸업한 학생 대부분이 거북도 되기 힘들다고 생각한다. 사회는 너무나 냉정하고 특성화고 출신을 위한 보편적인 매뉴얼 같은 것은 없다. 특성화고 출신들은 엉거주춤 머뭇거리는 순간 토끼도 거북도 아닌, 그저 응원석에서 타인의 희로애락에 공감하고 손뼉을 치는 신세로 사회생활을 마감하게 될지도 모른다.

이 사회에서 토끼는 수도권의 대졸이며, 거북은 지방 대를 졸업한 사람이다. 고졸은 그들과 너무나도 다른 출발선에 서 있

다. 가슴이 아프더라도 그 사실을 인정하고 받아들여야 한다. 그리고 절치부심의 마음으로 노력해야 한다.

먼저 거북의 끈기를 받아들여 자신의 도전 분야에서 최고가 되어야 한다. 결실을 맺기 전에 포기하는 것은 시작하지 않느니만 못 하다. 또한 자신이 하는 일이 처음 자신이 생각한 일과 거리감이 있다고 판단이 들 때, 과감하게 버리는 결단력 또한 늦게 출발한 사람들이 거북을 추월하는 방법 중 하나다.

여러분의 시간은 토끼나 거북과 똑같다. 고졸인 여러분에게는 방황할 시간이 없다. 방황하느라 허비한 그 시간 때문에 당신은 몇 안 되는 기회조차 놓치게 된다는 것을 명심해야 한다. 물론 토끼나 거북과 비교해 장점도 있다. 대학에 진학하지 않아 번 2년 혹은 4년이라는 소중한 시간이 있다는 것이다. 그 시간 동안과 자신만의 재능을 찾아 그 시간을 보상받고, 누가 봐도 대학졸업자 못지않게 자신을 연마해야 한다.

4년간 정말 부단히 노력해서 인정을 받아라. 그러면 당신은 최소한 거북과 비슷한 레벨에서 직장생활을 할 수 있다. 그렇게 하면 "저 친구는 대학은 나오지 않았지만 사회(현장) 경험과 대처 능력은 정말 뛰어난 사람이다. 많이 배우지는 않았지만 하루도 결근하지 않은 성실한 사람이다"라는 이야기는 들을 수 있다. 대학은 나오지 않았지만 업무 능력은 그 이상이라는 이야기까지 들

으려면 정말 상당한 내공을 갖춰야 한다. 사회에서 빨리 정착을 할 수 있는 자신만의 장점을 최대한 살리고 나에 대한 기대치가 낮은 사람들에게 그 기대치 이상의 행동이나 결과를 보여준다면, 지금 느끼는 불합리와 불만이 서서히 사라질 것이다.

많은 사람이 재능(지식)을 가지기 위해서 선택할 수 있는 단 하나의 길은 배움이다. 고졸 이후 진학에 대해 다시 고민한다면, 수능에 재도전해 4년제 대학에 진학하는 방법은 다소 무리다. 그때는 전문대학 야간 과정에 진학을 하는 것도 좋은 방법이다. 특히 지금 하고 있는 업무와 관련된 전공이라면 좀더 쉽게 학업을 이어나갈 수 있다. 또는 자신의 인생 이모작, 즉 은퇴 후에 하고 싶은 일과 관련한 학과를 선택해서 미래를 위해 투자해보는 것도 좋다. 이때 대학과 학과의 선택은 본인 스스로 해야 한다.

나 또한 실업계 고등학교를 졸업하고 바로 대학에 진학하지 않았다. 좀더 솔직히 말하면 공부에 전혀 취미가 없었고, 고등학교 내내 대학에 간다는 생각을 해본 적이 거의 없었다. 그 후 대학에 진학한 것은 군대를 전역할 무렵인 2003년도였으니 정확히 고등학교 졸업 후 5년의 시간이 흐른 뒤였다. 만약 그때 대학에 진학하지 않았다면 지금과는 완전히 다른 인생을 살고 있을 것이다. 나는 대학에서 정신적·정서적으로 많이 성장했다. 컴퓨터를 모르던 내가 컴퓨터를 다룰 수 있게 되었고, 숫자에 약하던 내가 세

무, 회계학을 통해 기업의 손익을 이해하게 되었고, 학문은 무조건적으로 외우는 것이 아니라 이해하고 응용하는 것이라는 것을 알게 되었고, 무엇보다 배움에는 본인의 의지가 중요하다는 것을 깨달았다.

이 시절을 통해서 나는 무조건 공부를 해야 하는 것이 아니라, 왜 해야 하는지 이해할 수 있었다. 내가 만약 고등학교를 졸업하고 아무런 고민도 없이 곧바로 그저 그런 대학에 진학을 했다면, 과연 똑같은 학비를 지출하면서 그런 것들을 배울 수 있었을까 싶다.

대학 진학은 필수는 아니다. 다만 이것은 하나의 도전이고, 향후 또 다른 도전을 할 수 있는 시작점이 될 수 있다는 것을 알아야 한다. 당신은 더 높은 곳을 향해 걸음을 디딜 수 있는 나만의 아이템(무기)을 하나 더 장착한 것이다.

신라의 김유신 장군이 이야기한 "강한 자가 살아남는 것이 아니라 살아남는 자가 강한 것이다"라는 명언은 옳을 수 있다. 하지만 현대 사회에서 끈기란 억지로 버티는 것이 아니라 자신이 하고자 하는 목표나 꿈을 향해 한 발 한 발 천천히 앞으로 나가는 것을 의미한다. 마치 거북처럼 말이다.

하찮은 경험도 모두 경력이다

텔레비전 드라마나 영화를 소개해주는 프로그램을 보다 보면 '연기파 배우'라는 말이 종종 나온다. 조연의 화려한 주연 데뷔, 오랜 극단생활이 연기의 밑거름이 되었다는 이야기, 대학로 소극장 창고에서 숙식을 했다는 톱스타 등등……. 어느 날 갑자기 혜성처럼 등장한 화려한 스타도 많지만, 오랜 무명 시절을 거친 배우나, 어린 나이에 혹독한 연습생 시절을 견뎌낸 가수가 많다. 지금 내가 흘리는 땀방울과 설움이 향후 추억이 되고 경험담이 된다고 생각하면서 이를 악물고 버텨내야 한다. 결국 성공은 정확한 목표를 가지고 비전을 향해 버텨내는 사람의 몫이다.

누구나 할 수 있는 흔한 일, 즉 진입 장벽이 낮은 직업일수록 업무 속에서 발생하는 서러움이 많을 수밖에 없다. 그래서 뛰

쳐나와 버리면 자존심은 세워질지 모르나 성공과 성취에서는 한 발짝 물러서게 되는 것이다. 그 자리에서 버텨낼 수 있는 튼튼한 마음 또한 매우 큰 재능이다.

초등학교 6학년 시절 반 친구들과 모임을 만든 적이 있었다. 당시 매주 토요일 방과 후 우리를 텔레비전 앞으로 이끌었던 프로레슬링. 우리는 그것과 관련한 물품을 구입하기로 작당을 했다. 돈이 있을 리 만무했던 우리는 신문 배달을 하기로 했다. 당시 신문보급소에서 우리에게 한 달 동안 하루 200부를 돌리면 7만 원을 주기로 했다. 하지만 우리 모두 부모님 몰래 벌인 일이었기 때문에 철저히 비밀에 부쳤다.

우리는 방과 후 순번을 정해(1조 3명) 신문 배달을 했고 그렇게 한 달이 지났다. 꿈에 그리던 순간이 눈앞에 다가왔는데, 당시 보급소 사장님은 다음 사람을 구할 때까지 계속 일을 해주기를 우리에게 요구했다. 하지만 우리는 7만 원으로 충분했고, 부모님 몰래 계속 신문 배달을 하는 것은 무리가 있었기 때문에 더는 할 수 없다고 이야기했다. 결국 사장님은 새로운 사람을 구하면 7만 원을 주겠다고 했고, 25년이 지난 지금까지도 우리는 그 돈을 받지 못하고 있다. 한 길 사람 속은 모르는 것이라고, 다분히 의도적이었는지 어쨌는지 알 수는 없지만 그 푼돈을 떼일 줄은 순진한 우리는 상상도 하지 못했다. 억울하고 분해서 친구들끼리 운동장

46

어귀에서 씩씩거렸던 기억이 난다.

당시 우리는 아무도 부모님께 신문 배달에 대해 이야기하지 못했고, 그것을 밝힐 용기도 없었다. 그 시절에는 친구들과의 비밀결사 만큼 중요한 것은 없었으니까 말이다. 그 시절 내가 배운 큰 교훈은 사회적으로 정당하고 떳떳하며, 비록 상대방이 불합리한 행동을 한 것이라 하더라도 본인에게 뭔가 찜찜한 구석이 있다면 (예를 들면 부모님 몰래 뭔가를 도모한다든가) 피해를 볼 수도 있다는 것이었다. 그야말로 태어나 처음 세상의 쓴맛을 보았다. 그러면서 나쁜 사람과 좋은 사람을 알아보는 눈도 조금씩 생겨나지 않았을까 싶다.

그때는 친구들과 마냥 웃으면서 같이 신문 배달 하는 것이 좋았다. 우리끼리 의기투합해 뭔가를 도모하는 그 기분도 좋았다. 한편 '엄마, 아빠가 없어서 이렇게 어린 나이에 신문배달을 하느냐'는 질문을 받을 때는 부모님께 죄송하고 굉장히 큰 잘못을 저지르고 있는 것은 아닌가 하는 생각도 들었다.

하지만 25년 전 그 경험이 있었기 때문에 엘리베이터 없는 단층 아파트에서 배달 일을 하는 것이 얼마나 힘든 일인지 잘 알게 되었다. 그러면서 우리나라에서 가장 먼저 새벽을 여는 사람들의 다양한 사연과 각양각색의 표정도 어렴풋이 느꼈다. '백문이 불여일견'이라는 말이 딱 맞는 말 같다. 뭐든지 직접 경험하는

것이 가장 빠르고 정확하다. 그렇다고 모든 것을 다 해볼 수는 없으니 만약 내가 궁금한 어떤 분야가 있다면 그런 경험을 가진 사람의 이야기를 그 사람의 입장에서 진지하게 느끼고 공감하는 태도가 중요할 것이다.

지금 당신이 경험하고 있는 일들이 지금은 하찮고 보잘것없어 보이지만, 당신이 향후 어떤 일을 하고자 할 때 반드시 도움이 된다. 그래서 무조건 밖으로 나가서 건설 현장 일이든 불특정다수 앞에 서야 하는 일이든 시도해보기를 적극 추천한다.

경험이 많다는 것은 다양한 사람을 알고 소통할 수 있다는 것이다. 그리고 그 속에서 만약 당신이 최선을 다했다면 그 집단의 사람들과 인연의 끈이 이어질 것이다. 어떤 집단이든 업무를 열심히 하지 않는 직원과 계속적으로 인연을 가져가는 사람은 극히 드물다. 하지만 열심히 근무한 직원은 어디서든 당당하며, 지지 여론이 많이 형성되어 있어서 매순간 당신을 도와주는 사람들이 생긴다. 당신을 성원하는 다양한 사람들 또한 시간이 흘러 또 다른 경험을 쌓으며 계속 성장할 것이다. 생각해보라. 지금 당신이 만나는 사람들의 10년 후 모습을. 그중 많은 사람이 10년 후 당신을 도와줄 사람이라는 것을.

실수를 최소화하라

회사생활을 하다 보면 "너는 고졸이잖아"라는 말을 직접적으로 듣거나, 비록 직접적이지는 않더라도 통해 몸짓언어를 듣게 된다. 하지만 당신은 그 말에 어떠한 반박도 할 수 없다. 그 말은 사실이기 때문이다. 당신은 그들이 말하는 고졸이고, 대졸보다 우수한 인재라는 것을 증명하는 것은 당신의 몫이다.

고졸로서 대졸에 준하는 실력을 갖추어 성공한 사람은 무수히 많다. 삼성, 현대, LG 같은 대기업의 임원 자리에 오른 고졸 출신은 이제 드물지 않다. 하지만 그 사례가 현실에서 일반적 사례는 아니다. 그냥 그것은 개개인이 가지고 있는 개별 사례다. 나의 사례는 내가 만들어야 한다.

표면적으로 본다면 많은 기업에서 고졸 채용을 희망하고

있고, 고졸 채용을 반기고 있는 것 같다. 그러나 그것은 정말일까? 혹 정부 정책에 따라서 고졸 채용을 늘리고, 시간선택제 근로자를 채용하고 있는 것은 아닐까? 각기 다른 모습을 가진 기업들이 그 특성에 맞게 인재를 채용하고 있지만, 결코 100퍼센트 기업이 원해서 고졸을 채용하고 있다고는 볼 수 없을 것이다.

오랜 기간 공무원으로 근무한 지인에게 이런 질문을 한 적이 있다. "혹시, 공무원 사회에도 고졸과 대졸을 차별하는 분위기가 있습니까?" 그 지인은 "공무원 사회에서는 승진에 있어 학벌의 차별이 없으며, 직원 간 대화에서도 학벌에 따른 차별을 두지 않는다. 다만 9급 신입사원들이 들어오면 학벌이 좋은 대졸의 경우 다른 과보다 두뇌를 활용해야 하는 인사과나 총무과 등에 배치되는 것을 많이 봤으며, 이런 케이스의 신입사원들은 다른 과의 신입사원들보다 인정받을 확률이 높을 수 있다"라고 이야기해주었다. 이는 그 지인의 개인적인 의견이지만 일반 사회의 고정관념을 대변하는 말이기도 하다. 이렇듯 대졸 신입사원은 고졸 신입사원보다 똑똑하며, 어려운 일을 고졸보다 잘 처리할 확률이 높다고 생각하는 것이 현재까지의 사회 통념이다.

고졸에게 중요한 일을 맡긴 후 실수가 나면 그곳에 배치한 상사에게 잘못이 돌아가지만, 대졸에게 중요한 일을 맡긴 후 실수가 나면 상사는 최대한 배치에 신경을 썼다는 결론이 나고, 잘못

을 최대한 피해갈 여지도 생긴다.

'너는 고졸이기 때문에 그 정도의 대우를 해주는 것은 당연하다', '너는 고졸이니 너무 나서지 마라', '너는 고졸이기 때문에 우리는 크게 기대를 하지 않는다' 등 고졸 사원은 대졸 선배의 소리 없는 아우성과 매번 마주치게 된다. 그런 의식을 가지고 있는 누군가가 열심히 뛰어다니는 당신을 보면서 '저 녀석, 너무 나서는군' 하고 생각할 수도 있다. 대졸이 열심히 하는 것과 고졸이 열심히 하는 것에 대한 시각의 차이가 있을 수 있다는 말이다. 열심히 하되, 가능한 한 업무상 실수를 피해라. 당신이 하는 실수로 인해 고졸이 열심히 하는 것은 회사에 전혀 도움이 되지 않는다는 고정관념을 더욱 탄탄하게 만들어주지 마라.

책임감은 숙명이다

'이 정도면 되겠지', '이 정도면 노력했어', '이제는 그만해도 되겠지', 이런 생각이 마음속에 있다면, 당신은 남들만큼은 될 수 있을지 몰라도 남들보다 더 뛰어나기는 정말 힘들다. 고졸에게 '적당히'는 없다. '적당히, 이 정도면 되겠지' 이런 생각은 머릿속에서 빨리 지워버려야 한다. 내가 맡은 업무나 작업은 무슨 수를 써서라도 반드시 해결하겠다는 마음이 있어야 한다. '적당히'라는 말은 정말로 모호해서 그 객관적인 기준이 없다. 과연 어디까지가 적당한 것인가. 결국은 업무의 내용과 성과에 대한 주관만이 기준이 될 뿐이다.

1490년대에 예술가의 꿈을 가진 가난한 정원사 청년이 있었다. 틈만 나면 그는 나무 화분에 열심히 조각을 해넣었다. 청년

은 퇴근 시간 이후에도 정원에 남아 조각에 몰두했다. 그의 정성스러운 손길이 닿은 나무 화분들은 멋진 조각품으로 다시 태어났다. 어느 날 산책을 하던 주인이 청년에게 물었다고 한다.

"너의 직업은 정원사다. 정원만 가꾸면 되는데, 왜 수고스럽게도 조각을 하느냐?"

청년은 웃으며 말했다.

"저는 정원사입니다. 이 정원을 아름답게 꾸밀 의무가 있습니다. 나무 화분을 조각해 정원이 아름답게 변할 수 있다면 그것 또한 저의 업무라고 생각합니다."

청년의 투철한 책임감에 감명 받은 메디치 가문은 결국 청년을 후원하게 되었는데, 그 청년이 바로 세계적인 예술가로 명성을 얻은 미켈란젤로다. 성실하고 근면한 사람은 항상 누군가가 지켜보고 있으며 반드시 기회가 온다.

당신이 은행의 창구 직원이라고 가정해보자. 당신은 손님을 상대로 돈을 받아 예금을 하거나 세금과 관련한 일들을 처리하고 그날그날 이상이 없으면 된다고 생각할 수 있을 것이다. 하지만 그것이 당신이 할 수 있는 최선은 아니다. 은행을 방문한 모든 고객에게 당신은 그 은행의 얼굴이므로, 혹시나 고객에게 더 많은 해택이 돌아갈 수 있는 상품이 있다면 당신은 그것을 친절하게 설명할 의무를 가지고 있다. 창구 직원이기 이전에 은행 직원으로서

은행 업무의 본질을 먼저 생각해야 한다.

　마찬가지로, 미켈란젤로의 직업은 정원사였지만 그는 정원사에게는 정원을 아름답게 꾸며야 하는 의무가 있다고 여기고 더 큰 그림을 보면서 일을 했다. 직장생활을 하면서 이 정도만 하면 되겠지라고 생각한 적은 없는가? 당신이 생각하는 고졸의 틀 안에서 직장생활을 한다면 당신은 절대로 다른 사람에게 고졸 이상의 대접을 받을 수 없다. 어떠한 상황이든 '적당히', '이 정도면'이라는 논리는 상사의 입장에서 그저 시간만 때우는 부하 직원의 핑계로밖에 보이지 않을 것이다.

　내가 근무하는 회사의 협력사 소장님 중 N이라는 분이 계셨다. 그분은 선박의 비계(발판)를 설치하고 철거하는 회사에 소속되어 있었고, 그곳에서 그는 사원들에게 안전사고가 발생하지 않도록 교육하고, 공정이 원활히 흘러갈 수 있도록 관리하는 역할을 했다.

　그런데 언제부터인가 N 소장은 퇴사하는 사원에게 문자나 전화를 이용해 안부를 묻고, 바쁜 오전 시간을 할애해 교육을 받는 사원들에게 따뜻한 커피와 간식을 제공하는 유일한 사람이 되었다. N 소장은 회사 최상위 관리자로서 공정의 안전뿐 아니라 모든 부분에서 지원을 아끼지 않았다. 퇴사한 사원들이 재입사한다면 틀림없이 회사에 이익을 가져다줄 수 있을 것이라는 믿음을

가지고, 스스로는 조금 귀찮더라도 최상위 관리자의 의무를 다한 것이다.

    그러던 어느 날 해양플랜트사업의 물량이 증가해서, 비계 직종 현장 작업 인력의 채용이 시급해졌다. N 소장은 10여 년 이상 닦아온 신뢰를 바탕으로 인력 400명을 단시일에 채용할 수 있었다. N 소장이 자신의 업무인 공정과 안전관리 업무에 충실한 나머지, 회사의 총괄관리자로서 의무를 다하지 않았다면, 퇴사한 사원에게 관심을 두지 않고, 교육을 받으러 가는 사원을 챙기는 것은 총무 파트의 업무라고 생각해 신경을 쓰지 않았다면, 과연 단시일에 400명을 채용할 수 있었을까? 또 오늘날 대표이사라는 직함을 가질 수 있었을까? 그는 뛰어난 능력을 가진 사람이기에 가능했을지도 모른다. 그러나 그렇게 되기까지 훨씬 오랜 시간이 걸렸을 것이다.

내가 왜 여기에 있는지 알고 싶을 때

일을 하다 보면 내가 여기 왜 있을까 하는 생각이 들 때가 많이 있다. 그것을 온전히 극복할 수 있는 방법은 없는 것 같다. 하지만 그런 생각이 들 때 시도해볼 수 있는 방법이 두 가지 있다. 첫째는 그냥 참고 견디는 것이고 둘째는 과감히 그만두는 것이다. 만약 참고 견뎌야 한다는 결론을 내렸다면, 정말 이를 악물고 버텨야 한다. 꿋꿋이 참는 방법을 배우고 내성을 키우고, 때로는 동료들과 위로를 나누면서 조금씩 자신을 단단하게 만들어가는 것이다.

무조건 감사하는 마음을 가져보는 것도 좋다. 감사에는 이유가 없다. 사람에게도 현상에도 심지어는 물건에도 감사하는 마음을 가질 수 있다. 이 때는 근무하는 동안 좋았던 추억들을 떠올려보라. 분명 지나간 시간들 속에 좋았던 기억이 적지 않을 것이다. 선배의 위로 섞인 말이 그러했을 것이고, 바로 위 선임과 밤 늦게 술잔을 기울이며 웃었던 기억도 있을 것이다. 처음 입사할 당시의 설렘을 다시 한 번 꺼내보기를 바란다. 내가 왜 여기 있는 가 싶을 때는 3년 전, 5년 전의 내가 왜 그 자리에 있었는지를 생각 해보면 좋다.

반면 꼭 그만두어야 한다는 생각이 든다면 과감히 그만두 어야 한다. 하지만 지금보다 더 좋은 조건을 만들어야 한다. 그만 두면 무엇을 할 것인가? 만약 간절하게 무엇을 하고 싶거나 자신 있게 할 수 있는 것이 있다면 과감히 그만두어도 된다. 하지만 구 체적으로 하고 싶은 것이 없다거나 할 수 있는 것이 없다면 지금 은 그곳에서 경력과 역량을 높이기 위해 노력해야만 한다. 시간이 지나가면 자연히 경력을 쌓게 되겠지만, 역량을 높이기 위해서는 반드시 피나는 노력을 해야 한다. 자격증 취득이든 외국어 공부든 무엇이든 상관없지만, 자신이 무엇을 하고 싶은지를 찾고 그에 적 합한 자기계발을 하는 것이 가장 좋다.

마음은 항상 직장을 그만두고 싶은데 정작 자신이 원하는 일조차도 없는 사람을 많이 보았다. 아무것도 준비되지 않은 상황 에서 그냥 지금 이곳이 싫어서 그만둔다는 것은 정말 위험 부담이 큰 행동이다. 또한 더는 이 회사에서 배울 것이 없다는 이유로 그 만두려고 하는 사람도 종종 보았다. 하지만 어떤 것을 배우고 싶

은가라는 질문에는 선뜻 대답을 못 한다. 만약 당신이 지금의 회사보다 비전이 있고, 더 큰 회사에서 많은 것을 배울 수 있다면 당장에 그만두어도 좋을 것이다. 하지만 그것은 당장 입사가 가능할 정도로 준비가 되어 있어야 하는 것이지 그냥 막연히 다른 길이 있을 것 같다는 느낌만으로 섣불리 사표를 쓴다면 땅을 치고 후회한다. 다른 곳으로 가기 위해서는 그곳이 원하는 인재가 되어야 한다. 구체적으로 내가 하고 싶은 것이 없는데도 무작정 이곳이 아니라는 결론으로 이직한다면, 그곳에서도 "내가 왜 여기 있는가?"라는 질문을 하게 될 것은 당연하다.

　　당신이 '그곳에 있고 싶은 마음'이 들도록 주위의 누군가 당신에게 친절과 미소를 베풀고, 입맛에 딱 맞는 업무를 배정하고, 듣기 좋은 말만 해주는 직장은 절대 없다. 그게 현실이다. 결국 내가 있고 싶은 곳으로 만들기 위해서는 내가 노력해야 함에도, 그 노력 이전에 떠나야 하는 이유를 만들고 있는 것은 아닐까? 막상 당당하게 사직서를 냈지만 당장 옮겨갈 회사가 없다면 그것만큼 굴욕적인 모습이 있을까 싶다.

　　조선소에는 기량이 좋은 용접기술자가 꼭 필요하다. 언젠가 내가 아는 굉장히 뛰어난 용접기술자가 조선소 여러 곳 중 어느 곳에도 선뜻 채용되지 못하는 것을 본 적이 있다. 그 기술자는 어디든 당당히 일하러 갈 능력이 있었지만 회사에게 그 기술자는

부담스러운 존재였던 것이다. 그가 취업에 애를 먹는 모습을 보면서 자신이 생각하는 자기에 대한 평가와, 사회가 평가하는 자신의 모습은 다를 수도 있다는 것을 느꼈다.

　내가 왜 여기에 있는가 하는 생각이 들 때는, 과연 스스로 다른 곳에 가기 위해 현재 어떤 노력을 하고 있는지부터 물어라. 그 질문에 어떠한 답도 찾을 수 없다면 당신은 그 노력부터 해야 한다.

칭찬받는 사람은 어디서든 칭찬받는다

커피숍에서 아르바이트를 하며 칭찬을 받은 사람은 주유소에서 아르바이트를 해도 칭찬을 받는다. 그런 사람들은 공장에 취직해도 칭찬을 받을 수 있다. 학창시절에 영어를 잘하는 학생이 수학, 국어도 잘하는 것과 같은 이치다. 한발 더 움직이는 사람, 1분 더 움직이는 사람, 눈치껏 움직이는 사람, 자신의 상황을 잘 인식하는 사람은 내가 아닌 남이 인정하는 사람이 될 수 있다.

입사한 첫 직장에서 칭찬을 받지 못한다면 직장을 옮겨도 분명 칭찬을 받지 못하고 인정도 받지 못한다. 직무의 능력은 개인마다 차이가 있겠지만 시간이 지나면 서서히 올라갈 수 있다. 하지만 사람마다 가지고 있는 천성은 변하기가 정말로 힘들다. 그래서 가장 중요한 것은 첫 직장에서 칭찬을 받는 방법을 알아야

한다는 것이고, 그런 인성을 갖추도록 노력해야 한다는 것이다.

　내가 근무하는 회사에는 정말로 많은 사람이 근무를 한다. 협력사에 근무하는 인력도 엄청나게 많다. 공장 규모도 100만 평이 넘고 일반적인 제조업보다 작업 강도가 센 편이다. 옥외 작업장이 많다 보니 말 그대로 더울 때는 더운 곳에서, 추울 때는 추운 곳에서 일을 할 수밖에 없는 상황이다. 그렇다 보니 자연스럽게 결근을 하는 사례도 다른 업종보다 많은 것 같다. 그런데 가만히 살펴보면 항상 결근을 하는 사람이 결근을 한다. 한 번도 결근을 하지 않는 사람이 있는 반면, 한 달에 몇 번을 결근하는 사람도 있다. 몸 관리를 하지 못해 몸살 감기 등 질병으로 결근하거나 전날 무리한 과음으로 결근하는 경우, 또는 버릇처럼 늦잠을 자고 결근하는 사람 등이 대표적인 사례다.

　나는 근 10년 회사를 다니면서 늦잠을 자서 결근하거나 계획 없는 당일 휴가를 사용한 적이 한 번도 없다. 하지만 한번 그런 행동을 하는 사람은 희한하게도 유사한 행동을 반복한다. 첫 직장, 첫 부서에서 일을 잘못 배워서 그런 경우가 많다. 주변에 그런 동료나 선배가 있고 그런 모습을 보면서 '저래도 되는구나'라는 생각이 마음속에 한번 자리 잡게 되면, 아프고, 숙취에 괴롭고, 피곤한 날 새벽에 침대가 나를 당기는 힘을 물리칠 방법이 없다.

　세 살 버릇 여든까지 간다고 한다. 쉰 살이 넘어도 연락 없

이 결근하는 사람은 결근을 한다. 한번 잘못된 행동은 그만큼 바로잡기가 어렵다는 것이다. 모든 것은 첫 직장에서 결정이 되는 것이다. 첫 직장에서 직장생활의 규칙을 잘 배우고 마인드를 잘 만들어가는 것이 중요하다.

지금 우리나라의 임금 체계는 연봉제가 많다. 1990년대 말 성과주의 인사제도가 도입되면서 많은 회사에서 연봉제를 도입했다. 하지만 제조업의 생산직 사원은 아직도 대부분 시급제로 근무한다. 일반적으로, 입사할 때의 시급은 누구나 비슷하지만, 일정 시간이 지나면 시급이 인상되기 마련이다. 그때는 철저히 개인의 능력에 따라 시급 인상 측정이 이루어진다. 같은 학교를 나오고 같은 날 입사했는데도 서로 다른 시급 인생이 시작되는 것이다.

만약 A는 시급 500원이 인상되었는데, B는 시급 인상 없이 동결되었다고 가정해보자. 대부분의 경우 B는 회사에 불만을 가지게 되고 회사와 관련한 모든 것이 다 나빠 보이기 시작한다. 상사도 싫고 동료도 싫고 일하는 것도 귀찮을 것이다. 이런 마음이 반복되다 보면 퇴사를 결심하고 이직한다. 하지만 이런 식의 이직으로 성공하는 케이스는 거의 보지 못했다. 오히려 B는 결코 이직을 해서는 안 되는 경우다. 어떤 회사든 일을 잘하고 꼭 붙잡고 싶은 직원에게 능력 이하의 임금을 주는 경우는 없다. 꼭 필요한 사람에게는 더 많은 보상을 해주기 마련이다. 스포츠 구단에서

유능한 선수를 잡기 위해 고액의 연봉을 주는 것과 마찬가지다. 주위의 동료와 비교해 진짜 나의 능력보다 낮은 시급이라고 생각되면, 상급자와 면담을 통해 해결해야 하는 것이지 사직서로 해결할 일이 아니다. 이런 상태에서 B가 회사를 그만두고 다른 회사로 간다고 해서 A처럼 인정받기는 힘들다.

　　B가 회사를 그만두지 않았다 하더라도, 다음번 시급 인상에서 A는 또다시 500원이 인상되고 B는 인상되지 않을 수도 있다. 실제로 이런 일은 정말 많이 발생한다. 그럼 이제 A와 B의 시급은 1,000원 차이가 난다. 이런 상황이 B에게 되풀이되는 것을 인정하고 납득하는 것은 정말 어렵다. 그러다 보면 계속적으로 불만만 쌓이고 일은 더욱 하기 싫어지기 마련이다. 시급도 올려주지 않는 회사인데 내가 열심히 해서 뭘 하겠느냐며, 본인의 나태함을 계속 정당화하는 악순환에 빠진다.

　　나는 B에게 이렇게 이야기하고 싶다. A가 왜 당신보다 시급을 더 많이 받을 수 있는지 A를 자세히 지켜보라고 말이다. A가 자신보다 한발 더 뛰는 것은 아닌지, 나는 쉬는 시간에 흡연하느라 바쁜데 A는 쉬는 시간에 다음 작업을 하기 위해 무언가 준비하고 있는 것은 아닌지, 나는 피곤해서 잔업을 하지 않는데 A는 갑자기 생긴 잔업을 즐거운 마음으로 하고 있지는 않은지, 나는 어떻게든 쉬운 작업을 하려고 눈치를 보는데 A는 하나라도 더 배우기 위해 힘든 작업을 자처하고 있지는 않은지, 나는 주위 동료들에게 항상 불만을 이야기하는데 A는 주위 동료들에게 긍정의 에너지를 주고 있는 것은 아닌지, 스스로를 A와 냉정하게 비교해보라고 말이다. 그리고 내가 관리자라면 누구와 일을 하고 싶은지, 내가 회사의 사장이라면 누구를 위해 더 많은 인건비를 투자할 것인지 진지하게 생각해보기 바란다고.

이렇게 비교를 해봐도 A에 비해 부당한 대우를 받고 있다 판단이 선다면 과감히 회사를 이직해도 상관없다. 하지만 A와 비교해서 자신의 부족함이 발견된다면 A의 행동 하나하나를 유심히 살펴보고 자신도 A와 같아지기 위해 노력해야 한다. 자신보다 열심히 하고 모범이 되는 A가 결코 나쁘거나 잘못된 사람이 아니라는 것을 당신도 곧 알게 될 것이다. 만약 A를 유심히 관찰하지 못하고 일방적으로 불만을 가지고 퇴사를 하고 이직을 한다면, 당신은 이직한 회사에서도 역시 또 다른 A와 만나게 될 것이다. 그리고 당신은 거기서도 다시 B가 되어 시급이 오르지 않는 회사에 불만을 가지는 도돌이표를 그리게 될 것이다.

칭찬을 받는 사람은 어디서든 칭찬을 받는다고 하나, 학교생활을 모범적으로 한 사람이 회사에서 모범사원이 되는 것은 아닌 것 같다. 물론 학교생활을 모범적으로 한 사람이 모범사원이 될 수 있는 DNA는 충분히 가지고 있는 것은 맞다. 하지만 학교생

활을 잘하지 못했던 사람도 사회에서 충분히 모범적인 사람이 될 수 있다. 학교생활과 회사생활은 분명 다르다. 이것은 직장생활을 조금이라도 해본 사람이라면 누구나 공감하는 말이다.

간혹 회사를 학교의 연장선이라 생각하는 철없는 사람들이 있기도 하다. 하지만 학창시절에 매일 지각을 하고 결석을 하던 학생이 사회생활에서는 누구보다 일찍 출근하고 몸이 아파도 이를 무릅쓰고 회사에 나와 일을 하는 경우를 많이 봐왔다. 그것은 자신이 전혀 관심도 없고 이해도 안 되는 공부를 하는 것과, 자신이 관심 있고 한 번쯤 마음을 다해 해봄직한 일(직장)을 하는 것의 차이로 생각하면 될 것이다. 즉, 자신이 좋아하는 일을 한다는 것에 대한 열정이라고 하는 것이 맞겠다.

공부에 관한 열정과 업무에 관한 열정은 서로 다른 차원의 문제인 것 같다. 비록 공부에는 열정이 없었지만, 일에 대한 열정만큼은 어느 누구보다 뜨거운 경우를 많이 볼 수 있다. 내가 학생으로서 공부에 아무런 흥미를 가지지 못했는데, 일에 어떤 보람과 흥미를 느낄 수 있을까 미리 걱정할 필요는 없다. 오히려 학교생활을 잘한 학생이 직장생활에 있어 주위 동료들과 어울리지 못하고 이기적인 말과 행동으로 남들에게 손가락질 받는 경우를 많이 보았다. 직장생활은 나 혼자만 잘하면 되는 곳이 아니라 조직 구성원의 한 명으로 조직의 성과를 위해 다 함께 힘을 모아야 하는 곳이기 때문이다.

　　학창시절, 잘한다고 내세울만한 것이 좀더 잘 놀 줄 아는 것뿐이었어도 괜찮다. 잘 놀 줄 안다는 것은 자신이 속한 조직의 활력소가 될 가능성이 있다는 뜻도 되지 않을까? 그런 역량을 가진 당신은 직장생활을 분명 잘 해낼 수 있을 것이다.

1분 먼저 행동하라

'눈치껏'이라는 말은 선배가 원하는 것이 무엇인지 파악하라는 것이다. 지금의 선배들도 과거에는 당신처럼 신입사원이거나 후배인 시절이 있었다. 하지만 선배가 되고 어느 정도의 직급이 되면 신입사원 시절은 기억에서 완전히 사라진다. 선배들은 일을 시키거나 지시를 내릴 때 설명을 많이 하지 않는다. 업무 지시의 속뜻을 정확하게 간파해내는 것은 순전히 당신의 몫인 것이다. 나 또한 후배 사원에게 업무를 지시할 때 설명을 많이 하지 않는다. 후배 사원이 대강의 의도만을 파악할 수 있도록 업무를 지시한다. 그리고 후배가 고민을 통해 새로운 아이디어를 만드는 노력을 하기를 바란다. 후배의 시각에서 만들어낸 아이디어가 생각지도 못하게 훌륭한 경우가 있기 때문이다.

'눈치'라는 단어에는 많은 것들이 내포되어 있다. 선배가 복사용 종이를 가져오라는 지시를 내렸다고 생각해보자. 그런데 복사용 종이를 선배의 손에 직접 가져다준다면 선배는 많이 황당할 것이다. 선배가 복사용지를 가져오라고 한 것은 복사기의 용지가 다 소진된 것 같으니, 종이를 복사기에 넣어달라는 이야기를 한 것임을 알아채야 한다. 사무실에서 벌어진 일이기 때문이다. 이런 단순한 상황에서 초보적인 실수를 하는 경우는 거의 없겠지만, 실제 업무에서 보면 황당한 일들이 많이 생긴다.

사다리 위에 올라가 있던 선배가 망치를 가져오라고 한다. A 후배는 사다리 아래에 놓고 가버렸고, B 후배는 사다리 위에 올려놓고 가버렸는데, C 후배는 선배가 있는 사다리 윗부분까지 올라가 선배의 손에 망치를 전달해줬다고 생각해보자. 후배 3명 모두 망치를 가져온 것은 맞다. 하지만 정작 선배가 원했던 행동을 한 후배는 C밖에 없다.

누구나 마찬가지지만 고졸로서 회사에서 인정받기 위해서는 윗사람의 인정이 절대적으로 필요하다. 회사마다 독특한 기업문화가 있고, 그 기업문화는 쉽게 변하지 않는다. 우선 내가 근무하는 회사는 어떠한 문화가 존재하는 곳인지 파악해야 한다. 가령 노동력을 많이 투입해야 하는 제조업에서는 일찍 출근하는 것이 미덕인 문화를 가지고 있다. 남들보다 일찍 출근하면 그만큼

부지런하다는 인식이 생겨나고, 몸으로 하는 일이 많은 현장에서는 부지런한 사람이 곧 일을 열심히 하는 사람으로 해석되기 때문이다.

이런 문화를 가지고 있는 회사에서 눈도장을 찍는 방법은 매우 간단하다. 먼저 나의 관리자가 몇 시에 출근을 하는지 눈여겨본다. 그리고 그 관리자보다 5분 일찍 출근하면 된다. 관리자가 출근했을 때 이미 출근해 있는 후배는, 비록 5분 차이일지라도 항상 부지런하고 성실한 사람이 된다. 직장생활에 관한 소소한 팁이 하나 있다. 5분 일찍 출근하는 것보다 중요한 것이 출근하는 상사와 눈을 마주쳐야 한다는 것이다. 상사보다 일찍 출근했지만 상사의 출근 시간에 화장실에 가 있었다면 무슨 소용이 있으랴.

회사의 문화에 따른 눈도장을 찍는 방법을 알았다면 이제는 상사의 성향에 따라 눈도장을 찍는 방법에 대해 고민해보자. 열심히 하는 부하 직원을 구분하는 기준으로 상사들은 대부분 두 가지 방법을 염두에 둔다. 하나는 과거 본인들의 회사생활과 비교하는 것이고, 또 다른 하나는 또래의 동료들과 비교하는 것이다.

상사의 젊은 시절이 어떠했는지 우리는 알 도리가 없다. 모든 상사는 속으로 '내가 젊었을 때는 말이지……'라는 생각을 하고 있다. 그러나 라이터로도 선박 용접을 해냈을 것 같은 선배들의 무용담에 너무 주눅 들지 않아도 된다. 세상은 변해도 한참

많이 변했으니까. 다만, 주위 또래와 지속적으로 비교되는 것에 대해서는 반드시 염두에 두어야 한다. 비단 업무수행 능력뿐만 아니라 매사에 주위 또래와 비교되는 상황은 무수히 많다. 그 과정 속에서 당신의 평판이 정해진다. 그래서 본인 스스로에게 미션을 주는 것이 중요하다. 동료들을 유심히 관찰하면서, 동료보다 1센티미터 더 많이, 1분 더 빨리 움직이면 된다. 상사는 사회생활에 막 발을 들여놓은 당신에게 그렇게 큰 것을 바라지 않는다. 아주 작은 차이로 많은 것이 결정된다. 물건을 옮긴다면, 웃으면서 한 번 더 움직이는 부하 직원이 되어보라. 조직의 행사나 약속 시간에 동료들보다 1분 먼저 도착해보라. 1센티미터, 1분의 차이가 당신을 변화시키고, 1그램의 차이가 당신 주위를 변화시킬 것이다. 자, 오늘도 1분 일찍 일어나기 위해 알람시계를 1분 당겨서 맞춰보자.

다양한 사람들의 존재를 인정하라

당신과 뜻이 맞지 않는 사람이 지금 당신 앞에 있다. 당신과 생각이 전혀 다른 사람이 당신 앞에 있다. 우리가 직장생활에서 흔히 맞닥트리는 상황이다. 학교에서는 당신과 맞지 않는 사람, 즉 당신이 싫어하는 사람과는 이야기를 하지 않으면 그만이다. 그렇다고 해서 누구도 당신을 나무라거나 당신의 행동이 잘못되었다고 이야기하지 않을 것이다. 그저 나와 잘 맞고 친한 친구와 이야기하고 밥도 먹고 매점에도 가고 방과 후에도 만나면 된다. 그것이 학교였다. 하지만 사회, 즉 회사에서 우리는 서로 다른 시공간에서 20~30년을 살아온 사람과 한 공간에 머무르게 된다. 간절히 사랑해 결혼한 부부도 서로 간의 가치관과 의견이 달라 심하게 다투는데, 생전 처음 보는 사람들이 모여 하나의 목표를 위해 달려가는데, 그들 마음속을 속속들이 들여다보면 얼마나 다른 생각과 가치관이 숨겨져 있을까 싶다. 나와 뜻이 다르다고 하더라도 타인을 무시하고 나만의 길로 가거나 나와 뜻을 같이 하는 몇몇 사람과만 교류하며 지낼 수가 없는 곳이 회사고 사회다.

당신이 존경하고 인생의 멘토로 삼고 싶은 선배, 기술이 뛰어나 회사에서 절대적인 능력을 발휘하는 선배가 있는 반면, 어떻게 저런 무능하고 자기 밖에 모르는 사람을 회사에서는 쫓아내지 않고 보고만 있지라고 생각되는 선배도 있을 것이다. 매일 바쁜 일상에 쫓겨 업무를 하면서도 후배들의 능력 향상을 위해 신경 쓰고 후배들이 역량을 펼칠 수 있는 업무를 주는 선배가 있는 반면, 자신이 하기 싫고 귀찮은 일, 단순 업무를 기다렸다는 듯이 후배에게 떠넘기는 선배도 있을 것이다.

스웨덴 스톡홀름대학 스트레스연구소의 안나 나이베르그 박사 연구팀이 스톡홀름에서 일하는 남성 노동자(19~70세) 3,000명 이상을 대상으로 상사와의 친소 관계와 심장 건강에 대해 조사한 결과, 상사와 사이가 좋지 않은 직원은 중증 심장질환에 걸릴 위험이 높다고 발표했다. 부하직원을 배려하면서도 업무 능력이 뛰어난 상사를 둔 부하직원은 중증 심장질환에 걸릴 확률이 낮은 반면 정반대의 성향을 지닌 상사 밑의 부하직원은 중증 심장질환에 걸릴 확률이 높았다. 이러한 관련성은 같은 직장에서 근무하는 기

간이 길수록 강하게 나타났다.

직장생활의 갈등이 건강에만 국한하는 것은 아닐 것이다. 회사를 그만두는 원인이 될 것이며, 회사의 업무 능률을 저해시키는 요인이 되기도 한다. 하지만 젊은 나이에 이대로 포기할 것인가? 주위를 둘러보면 똑같은 상황에서 선배의 인정을 받는 또래의 친구들이 분명히 있다. 그런 친구들은 과연 똑같은 환경 속에서 무엇 때문에 일을 하고 인정을 받고 있다는 말인가?

회사생활을 하는 사람은 회사에서 인정받는 것만큼 회사의 선후배들과 좋은 관계를 형성하기를 희망한다. 혹 당신은 어떤 드라마에서처럼 회사에서 열심히 일을 하면 회사의 사장이 당신의 소식을 듣고 현장을 찾아와 등을 두드리면서 '젊은 사람이 참 열심히 일을 한다면서? 내일부터 당장 기획실에서 일을 할 수 있게 하세요'라는 상상을 하고 있는 것은 아닌가?

우리가 근무하는 현실의 회사에서는 당신의 존재를 드러내기가 결코 쉽지 않다. 기대를 많이 하고 입사한 회사인데도 당신의 기대에 부응하는 그 무엇도 해주고 있지 않다는 생각이 든다면 그것은 당연한 것이다. 당신 주변의 모든 사람이 아마도 비슷한 종류의 스트레스를 받고 있을 것이다. 자식이 많은 부모는 그만큼 걱정거리도 많다. 후배가 있는 선배는 선배와 후배에게 스트레스를 받을 것이다. 또 말단 후배는 셀 수 없을 만큼 많은 선배에게 스트레스를 받을 것이다. 하지만 선배는 선배 나름대로 정신없이 바쁜 상황이고 후배인 당신도 선배의 기대에 모두 부응해줄 만큼 한가하지 않을 것이다. 서로가 서로의 기대에 부응하지 못하는 상황에서 서로의 부족함만을 보면서 스트레스를 받는 것은 누구에게도 도움이 되지 않는다.

조직에서의 갈등은 상하 계층 간 각자의 기대에 부응하지 못해서 발생하는 것이고, 개인적인 갈등은 자신과 가치관이 다르기 때문에 생겨나는 것이다. 스트레스를 받기 이전에 상대를 조금만 생각해본다면 조금은 이해가 가지 않을까? 직장 선배들의 가치관이 잘못되었다고 섣불리 판단하지 마라. 그 선배들은 그곳 혹은 다른 곳에서 당신보다 먼저 성공이나 실패를 맛본 경험을 가지고 있다. 혹여 당신이 처한 현장의 문제에 대해 조언을 구하고자 한다면 누가 제일 먼저 떠오를 것 같은가? 당신이 처한 문제점을 제일 속 시원히 해결해줄 사람은 은퇴를 얼마 남겨두지 않은 최고참 선배일 가능성이 높다.

가치관과 뜻이 다른 선배들과 업무 외의 대화를 많이 해보는 것이 좋다. 그리고 선배들과의 대화를 통해 선배의 가치관 그 내면의 생각이 무엇인지 들어보기 위한 진지한 경청의 자세가 필요하다. 결론만을 간추려 받아들이기 이전에 충분히 생각을 나누어야 선배들의 가치관을 이해할 수 있다.

아첨이 아니라 칭찬을 하라

칭찬은 돈을 들이지 않고 누군가를 나의 편으로 만들 수 있는 최
고의 무기다. 하지만 칭찬과 아첨을 구분하지 못한다면 주위 동료에게 비난을 피하지 못한다.

세상에 아부를 싫어하는 사람이나 선배, 상사는 없다. 자신을 따른다고 느껴지고, 말로나마 자신을 최고라고 이야기하는 후배를 보고 아첨하지 말라고 이야기하는 상사는 극히 드물다. 하지만 이유 없는 아첨, 필요 없는 아첨이 난무하는 분위기가 되면 곤란하다.

아첨하는 사람은 항상 상사의 지근거리에 있으려고 노력을 한다. 식사 시간에도 가까이 있으려고 하고 상사가 흡연을 한다면 굳이 같이 가서 흡연을 하려는 등 업무에 대한 집중력보다

필요 이상으로 상사의 동선을 파악하려고 노력을 한다. 그리고 아첨하는 사람은 상사에게 잘 보이기 위해 주위 동료들의 단점을 정보인 양 하나하나 이야기하기도 한다. 이런 상황들은 동료들의 오해를 살 소지가 있을 뿐 아니라 조직이 무너지는 시발점이 될 수도 있다.

물론 아첨도 잘하고, 일도 잘하는 사람이라면 금상첨화일 것이다. 하지만 일을 잘하고 열심히 하는 사람은 일 외에 다른 생각을 할 시간이 별로 없다. 하루 종일 업무에 시달리고 시간대별로 회의나 할 일이 정해져 있는데 아첨까지 하기는 너무 힘들다. 안타깝게도 아첨을 하는 사람은 자신의 일이 적거나, 자신의 일을 찾지 못하거나, 상대적으로 시간적인 여유가 있는 것이 대부분이다.

과거 상사 중 한 분은 부하직원 중 한 명이 다소 과하게 아첨을 하자 회식 자리에서 "너는 나에게 너무 과하게 아첨하지 마라"라고 직접 말씀하기도 했다. 내가 그분을 다시 보게 된 것은 공개된 자리에서 그 말을 했다는 것 때문만이 아니라, 극소수의 과한 아부가 조직의 분위기를 흩트린다는 사실을 정확하게 인지하고 있었기 때문이다. 아부하는 사람들의 말과 행동, 그들의 정보에 의해 색안경이 씌워지기 때문에 상사들은 조직에 문제가 있거나 조직이 서서히 무너지고 있다는 것을 대부분 인지하지 못한다. 현명한 최상위 책임자는 조직의 한 사람 한 사람을 보는 것이 아

니라 조직 전체를 보고 방향을 정해야 하는데 그것이 조직원 몇몇의 목소리 때문에 잘 진행되지 않게 된다.

아첨과 달리 칭찬에는 고도의 기술이 필요하다. 상대방이 인정할 뿐만 아니라 그전에 모두가 공감하는 칭찬의 대상이 필요하다. 상대방을 면밀히 관찰함과 동시에 장단점과 취향을 파악하고 가장 적절한 타이밍에 딱 필요한 만큼 칭찬을 하는 것이다.

당신에게 혹여나 상사를 칭찬할 기회가 생겼다면 기억하라. 중요한 사람 앞에서의 한마디 칭찬이 훨씬 상사를 기분 좋게 한다. 당신이 해당 상사의 승진에 영향을 미칠 수 있는 누군가와 함께하는 자리에 동석하게 되었다면, 부하 직원 입장에서 진솔하게 상사를 칭찬하고 존경을 표해보라. 그럼 상사는 평소에 아무런 내색 없이 묵묵히 일하던 당신을 더 높이 평가할 것이다. 이렇듯 칭찬은 아첨과 다르게 정확한 현상 분석을 통해 모두가 공감할 수 있는 상황에서 진솔하게 행해져야 칭찬을 하는 사람과 받는 사람, 주위사람 모두가 납득하고 즐거워질 수 있다.

칭찬과 아첨을 구분할 줄 아는 신입사원이 된다면, 당신과 당신 주변이 모두 밝아질 것이다. 칭찬은 잘 돌고 돌지 않지만 동료의 험담은 그 속성상 아주 빠른 속도로 돌고 돈다는 것을 반드시 명심하고, 오늘도 상사와 동료들의 칭찬거리를 찾는 사람이 되기를 바란다.

나는 누구와 어울리고 있는가?

지금 주위를 살펴보라! 내가 주로 만나는 사람이 어떤 사람인가 짚어보라. 특성화고교 졸업생이 되는 것과 관련해 가장 안타깝게 생각하는 것은, 내가 만나온 사람과 앞으로 만나게 될 사람이 그 테두리 안에서 한정되는 경우가 많다는 것이다.

영화 〈도둑들〉을 보면 도둑 주위에는 도둑이나 사기꾼밖에 없다는 것을 알 수 있다. 금고털이, 와이어 타는 사람, 바람잡이, 사기꾼 등이 뒤엉켜 때로는 같이 또 때로는 서로 속고 속이면서 살게 된다. 서로가 서로를 신뢰하지 않기 때문이다. 그것은 과거 경험에서 기인한 것이기도 하다. 내가 사기꾼이고 내 주변 인물도 모두 사기꾼이라면 어떻게 주위 사람을 믿고 신뢰할 수 있겠는가.

배우 차인표 씨가 한 방송에서 이런 말을 했다. "언젠가

주식 붐이 일었을 때 자신이 주식을 했는데 자신의 주위에는 온통 주식하는 사람밖에 없었다. 하지만 자신이 한국컴패션이라는 봉사단체를 통해 봉사를 하면서부터 주위에 온통 봉사하는 사람들로 넘쳐나더라." 이렇듯 현재 자신이 주식에 관심이 있다면 주식하는 사람들과 교류하며 주식을 하고 있을 것이고, 자신이 맛집을 좋아한다면 맛집에 관심 있는 사람들과 맛있는 음식을 먹으러 다닐 것이다. 반대로 봉사에 관심이 있어 실제로 봉사를 실천하고 있다면 분명 주위에는 봉사를 하면서 삶을 사는 사람들로 넘쳐날 것이다.

나는 우연한 기회에 회사에서 감사나눔 전도사의 역할을 하게 되었는데, 관련 업무를 하다 보니 좋으나 싫으나 감사를 실천하며 사는 사람을 많이 만나게 되었다. 감사하는 마음을 통해 부부 사이가 좋아진 사람, 사춘기 자녀와 대화가 시작된 사람, 마음의 병을 치유한 사람 등 서로 감사의 기적을 공유하는 시간이 늘어나면서 내 주변이 서서히 감사하는 사람들도 바뀌고 있는 것이다.

자신의 주위 환경과 현재의 삶이 자신의 정서와 행동에 직접적인 영향을 미치고 변화하게 만든다. 내가 심리적으로 여유가 없다면 항상 쫓기고 여유가 없는 사람들과 만나게 될 것이고, 내가 여유가 있다면 상대적으로 여유 있는 사람들과 만나게 된다.

마음의 여유가 없어도, 짬을 내어 봉사하는 사람을 만나기 위해 노력한다면 서서히 주변에 마음의 여유를 누리는 사람들이 생겨날 것이다. 법조인 옆에는 법조인이 있고, 의사 옆에는 의사가 있으며, 국회의원 옆에는 국회의원이 자주 보이는 상황은 우연이 아니라 필연이다. 내가 만약 열심히 생활을 하고 멋진 미래를 계획하고 있다면 내 주위에는 열심히 생활하고, 멋진 꿈을 꾸는 사람들이 있을 것이다. 그런 사람들과 어울리다 보면 내 인생도 밝고 긍정적으로 변화하기 마련이다. 내 주위에 어떠한 사람들로 넘쳐나게 할 것인지는 주위 사람들의 몫이 아니다. 결국 내가 만나는 사람들이 현재의 나의 인생이며 내 모습이 비친 거울인 것이다.

자발적으로 일하라

당신은 혹시 회사생활을 억지로 하고 있지는 않은가? 억지로 하는 모든 업무는 효율성이 떨어질 뿐 아니라 주변 사람까지 당신의 눈치를 보게 만들고, 결국 조직의 효율을 떨어뜨린다. 당신이 억지로 근무하는 그 시간에 당신의 회사 또한 당신 때문에 억지로 굴러가고 있다고 생각하면 당신의 행동이 회사에 얼마나 큰 피해를 주고 있는지 알게 될 것이다.

나는 여기서 자신이 속한 조직의 최상위 관리자와의 눈에 보이지 않는 갈등으로 서로 힘든 회사생활을 하는 경우까지 포함해서 말하고 싶다. 회사에는 다양한 부서가 있고, 규모가 좀 큰 경우 통상적으로 부서내 최고 책임자가 사원관리에 대한 전반적인 책임을 지게 된다. 간혹 부하 직원들의 업무태도가 마음에 들지 않는 경우가 발생하더라도 어떻게든 조직에 융화시키기 위해 많은 노력을 한다. 그 대상이 당신이 된다면, 관리자는 웃으면서 당신을 대할 것이고, 웃으며 당신을 관리할 것이며, 당신을 다른 부서로 보내고 싶어도 회사의 입장을 대신하기 때문에 쉽게 결단을 내리지 못하고 조치를 취하지 못한다. 다른 조직원들에게 관리자는 무능해 보일지 모른다. 당신이 이런 관리자의 입장을 매우 잘 알고 있고 당신 때문에 관리자가 피해를 볼 수 있다는 것을 인지하는 상황에서도 관리자를 힘들게 하고 있다면, 당신은 사회 어디서도 쓸모가 없는 사람이다. 이것은 마치 불량한 자녀가 부모의 약점을 잡아 이용하는 것과 마찬가지다.

　　내 고교 동창 중 이런 친구가 있었다. 그 친구의 집안은 다소 부유했던 것으로 기억한다. 1990년대 중후반 당시 휴대전화가 유행을 했는데 그 친구는 어머니에게 휴대전화를 사주지 않으면 학교를 가지 않겠다고 이야기했다. 어머니는 아들을 어떻게든 학교에 보내려고 그 친구에게 휴대전화를 사주었다. 학교가 어머니의 약점이라는 것을 안 친구는 이번에는 오토바이를 사주지 않으면 학교에 가지 않겠다고 이야기했다. 일주일간 학교를 오지 않던 그 친구는, 얼마 후 어머니가 사준 오토바이를 타고 당당히 학교 앞에 주차하는 용기를 우리에게 보여주었다. 6개월 후 그 친구는 더는 볼 수 없는 사람이 되었다. 교통사고로 목숨을 잃은 것이다.

아들이 어쩔 수 없는 상황을 만들어 어머니에게 목적한 바를 취하는 모습은, 회사에서도 어쩌면 한 번쯤 일어날 수 있는 일이다. 당신이 만약 어머니를 이용하는 아들과 같은 태도로 근무하고 있다면, 그래서 누군가 당신 때문에 피해를 보고 있다면 행동에 변화가 있어야 하지 않을까? 상사의 입장에서 억지로 근무하는 누군가가 있다는 것은 유능한 부하 10명의 성과를 포기하는 일이 될 수 있다는 것을 알아야 한다.

청소년 자살의 가장 큰 이유가 부모님에게 당당하지 못한 부끄러운 자식이 될 것 같거나, 그렇게 되어 있는 자신을 본 후라는 기사를 본 적이 있다. 이렇듯 누군가에게 부끄러운 존재가 된다는 것은 삶의 가치를 잃어버리는 것과 같다. 마찬가지로 조직에서 상사에게 부끄러운 사원이 된다는 것은 회사에서 더는 근무할 수 없는 사람이라는 것과 마찬가지일 것이다. 당신의 상사가 제3자에게 당신을 소개할 때 망설이거나 부끄러워한다면, 그 순간 당신은 직장인으로서 존재 가치가 없어진 것이다. 혹 상사가 "제가 요즘 이 친구 때문에 회사에 출근하기가 두렵습니다. 정말 지금은 억지로 회사생활을 하고 있는 것 같습니다" 이렇게 이야기를 한다면, 그 사원은 회사가 어려울 때 퇴사 1순위가 될 것이다. 가정에서나 회사에서나 사회에서나 부끄럽지 않은 당당한 사람으로 살아가야, 최고는 아니더라도 존재 가치가 생기는 것이다.

군 입대 전에 경력을 만들어라

대학을 가야 할 나이! 당신은 별로 그런 생각을 하지 않았을지도 모른다. 하지만 당신 주위에는 다짜고짜 출신 대학에 대해 물어보는 사람이 많다. 어느 순간 이 사회에서 대학은 선택이 아닌 필수사항이 되어버렸다. 하지만 당신은 대학을 선택하지 않았다. 그것이 공부가 싫어서든 아니면 남들 다 가는 그 뻔한 길이 싫어서든, 대학을 선택하지 않은 당신은 지금 할 수 있는 것이 무엇인지 살펴보고, 할 수 있는 것을 토대로 명확한 목표를 세워야 한다.

　　당신이 만약 전문계고(특성화고, 마이스터고 등) 졸업 후 바로 취업을 했다면, 19세 되는 해의 10월경 직장생활을 시작하게 된다. 그리고 군 입대를 하는 시점까지 대략 2년 정도의 시간이 주어진다. 그리고 그 2년간의 시간을 보낸 당신은 대학에 진학한 또

래 친구들보다 3~4개월 늦게 입대를 할 것이다. '2년'이라는 단어를 힘주어 말하고 싶은 데는 이유가 있다. 어떤 일이든 최소한 2년 정도는 해야 회사에서 '경력'이라고 인정해주기 때문이다.

어쩌면 당신은 생각하는 군 입대 전 2년을 그냥 흘려보내도 되는 시간이라 생각할지 모른다. 친구들과 술을 마시며 보내는 시간, 친구들과 놀러 다니며 추억을 만드는 시간, 배달·서빙·주유소 아르바이트를 하며 최저시급을 받으며 보내는 시간, 아무것도 하지 않고 부모님에게 용돈을 받으며 보내는 시간 등, 그렇게 보내는 시간이 과연 젊은 당신에게 의미가 있을까? 그러는 동안 대학에 진학한 당신 또래의 친구들은 시험을 준비하러 도서관에 가 있을 것이고, 캠퍼스의 낭만을 노래하고, 미팅에서 만난 마음에 드는 친구와 미래를 설계하고 있을 것이고, 취업을 위해 영어 공부에 열을 올리고 있을 것이다. 만약 당신이 또래와 똑같은 조건, 아니, 어쩌면 그보다 더 좋은 조건으로 사회생활을 하려면 반드시 군 입대 전 2년 동안 단기 목표를 설정하고 실천해야 한다.

기술을 배울 수 있고, 기숙사가 제공되고, 식사가 제공되며, 4대보험이 적용되어 퇴직금을 받을 수 있는 곳을 알아보자. 워크넷(고용노동부 취업사이트)에서 강소기업 구인광고를 보면 2,000만 원이 넘는 연봉을 제시하는 기술 관련 회사가 굉장히 많다. 자동차·건설·조선·IT·납품·배송·철강·비철 등 다양한 직종

에서 사람을 구하고 있다. 그 외에도 무수히 많은 직업군이 있다. 용접·전기·전자·도장(도료)·시스템 관리·품질 관리·자재 관리·운전·조립·시공 등 당신이 평소 관심을 가지고 있거나 특성화고 및 마이스터고를 다니면서 배운 것을 접목할 수 있는 곳이 있다면 그쪽 분야로 도전하는 것도 좋은 방법이다.

다만 한 가지 명심할 것은 직무 선택을 할 때, 미래 비전이 있는 직무를 선택하라는 것이다. 대한민국에서 절대 없어지지 않을 직종, 대한민국 산업의 근간이 되고 수출산업으로서 역할을 다하고 앞으로도 계속적으로 사업을 영위해나갈 가치가 있는 직무를 선택하는 것이 당신의 비전에 더 많은 도움이 될 것이다.

지금부터 당신은 돈을 벌기 위해 기술적 회사에 취직한 것이 아니다. 순수 기술을 배우기 위해 회사에 취직한 것이고, 기술을 배움과 동시에 월급을 받는다고 생각해야 한다. 당신의 기술은 하루가 다르게 늘 것이고 늘어난 기술과 함께 월급 또한 조금씩 늘 것이다.

그렇게 2년이 흘러 21세가 된 해의 10월. 당신이 정말로 누구의 도움도 받지 않고 2년 동안 4,000만 원을 모았다고 생각해 보자. 부모님은 당신을 뿌듯하게 여길 것이고, 당신 또한 통장의 늘어난 잔고를 보면서 뿌듯해할 것이다. 그때 부모님에게 이렇게 말해보라. '아버지, 어머니, 저도 언젠가는 대학이라는 곳을 가고

싶을지 모릅니다. 그때 제가 모은 돈으로 부모님에게 손 벌리지 않고 대학을 가겠습니다.' 당신 부모님은 훌쩍 커버린 당신의 태도와 말투에 감동을 받을 것이다.

이제 입대를 해도 당신은 주위 또래에 비해 결코 늦지 않다. 2년제 대학, 4년제 대학에 진학한 친구들도 여전히 졸업장은 없다. 아마 대부분은 고작 1학년을 마치고 입대를 했을 것이다. 현재까지는 같은 출발선에 서 있는 것이다. 이제 당신이 전역하는 시점에 당신에게 남아 있는 것이 무엇인지 생각해보자.

1) 입대 전 강소기업에 근무한 2년의 경력

2) 사회생활을 통해 알게 된 인맥

3) 2년간 열심히 쌓아올린 기술

4) 당신의 최대 무기인 4,000만 원

군대를 전역한 23세의 당신은 경력을 살려 제조업에 취업을 할 수 있다. 인맥을 통해 더 좋은 곳에서 역량을 발휘할 수도 있다. 기술을 더 갈고 닦아 기술자의 칭호를 들을 수 있도록 노력하면 된다. 그리고 당신이 하지 못했던 공부를 하고 대학에 진학할 수도 있다. 하지만 그 대학이 학창시절에 갈 수 있었던 대학 즉, 그 당시와 비교해서 크게 노력하지 않고 들어갈 수 있는 대학이라

면 나는 반대하고 싶다. 24세, 굳이 대학에 들어가야 되겠다는 생각이 든다면, 그래서 미래에 더 많은 비전을 가지고 싶다면, 많은 노력을 통해 좋은 대학에 진학하기 바란다. 그것도 당신이 미래에 꼭 필요하다고 생각하거나 직업으로 삼고 싶은 학과를 목표로 말이다. 이제 당신은 분명 땀 흘려 직접 모은 4,000만 원으로 피나는 노력을 하고 있을지 모른다. 그 하기 싫어했던 공부를…….

필요한 사람이 되어라

직장의 상사들에게 어떤 사원이 우수한 사원이라고 질문을 하면 창조적이고 혁신적인 마인드로 일처리를 하는 사람이라고 대답한다. 하지만 직장의 상사들에게 우리 조직에 어떤 유형의 사원이 필요하냐고 물어보면 말을 잘 듣는 사람이라고 답변한다. 내 말을 잘 듣고, 조직의 말을 잘 듣고, 선배들의 말을 잘 듣고, 회사의 말을 잘 듣고 아무도 하지 않는 일을 불만 없이 하는 사람. 그와 더불어 회사가 설정한 방향과 뜻을 같이하고 불만이 있더라도 인내하고 한 방향으로 갈 수 있는 사람.

조직에서는 아무리 일을 잘하는 사람이라 할지라도, 혹은 우수한 인재라 해도 항상 불만을 가지거나 상사의 지시를 무시하고 따르지 않는 사람은 필요가 없다. 함께하기 껄끄럽기 때문이다. 자발적 희생과 봉사로 조직을 튼튼하게 받쳐줄 직원이 더 필요하다. 그 역할을 고졸인 당신이 할 가능성도 있다. "열심히 일한 당신 떠나라"고 했던 어느 광고의 카피처럼 현재의 라이프 스타일은 일보다는 여유로운 삶에 포커스를 맞추고 있다. 이런 상황에서 남들이 꺼려하는 주말 출근과 직무에 자발적으로 참여한다면 자신과 조직을 성장·발전시키는 시작점에 설 수 있을 것이다.

일을 하다보면 이기적인 발상으로 성과를 부각시키거나 다소 편하다고 생각되는 직무를 고집하는 동료가 생기는 경우, 성과가 덜 부각되고 많이 움직여야 하며 이로 인해 귀찮은 직무를 맡을 사람은 어쩌면 당신이 될 수도 있다.

현재 다니고 있거나 앞으로 취업하게 될 회사에서 경력이 짧은 당신에게 기대하는 역할은 혁신적이고 창조적인 아이디어의 제공자가 아니다. 우선은 혁신적인 업무의 동반자로서 조직에 동화되어 다소 어려운 일, 다소 힘든일, 다소 움직임이 많은 일을 통해 인정을 받아야 한다. 그런 시간들이 계속되면 언젠가 당신은 아이디어의 제공자가 되어 있을 것이고 혁신적인 업무의 리더이자 회사가 꼭 필요로 하는 인재로 성장해 있을 것이다.

스승에게서 기술을 배워라

무협영화를 보면 사부는 제자에게 절대로 무술을 먼저 가르쳐주지 않는다. 처음에는 물을 떠오라, 빨래를 하라, 밥을 지어라, 청소를 하라고 시킨다. 그것이 사부가 제자에게 가르쳐줄 수 있는 기본인 것이다. 사부는 당연히 제자가 어떤 사람인지 확인 절차를 밟아야 하는 것이고 그 확인 절차는 인성을 확인하는 것에서 시작된다. 영화에서는 통상적으로 나쁜 제자와 좋은 제자가 등장하는데, 나쁜 제자는 무술을 가르쳐주지 않고 힘든 심부름만 시키는 사부를 원망하며 떠난다. 그 나쁜 제자는 나쁜 스승을 만나 음지의 무술을 익힌다. 반대로 좋은 제자는 스승에게 인정받아 양지의 무술을 익히며, 향후 나쁜 제자가 과거 자신을 홀대했던 스승을 찾아와 해치려 할 때 그를 물리치고 스승을 구한다.

이러한 모습은 우리가 맞닥뜨리는 사회에서도 볼 수 있다. 우리가 사회에서 기술을 배울 때도 스승은 존재하며, 스승은 우리의 인성 혹은 사람 됨됨이를 본다. 스승은 우리에게 청소나 심부름, 허드렛일, 당신이 생각하기에 할 필요가 없는 일을 시킬지도 모른다. 그때 당신은 불만을 가지고 떠나버린 나쁜 제자가 될 것인가, 사부의 고된 테스트를 통과한 좋은 제자가 될 것인가?

스승은 자신이 신뢰하지도 않는 대상에게 절대로 무림의 비급을 가르쳐주지 않으며 신뢰의 최고 조건은 인성과 성실성이다. 모든 회사에는 정년으로 정해진 나이가 있다. 직장인은 그것을 마치 삶의 끝, 존재의 사라짐처럼 느낀다. 하지만 나는 그 끝에서 새로이 시작하는 사람들을 많이 보았다. 당신이 기술을 가지고 있다면 그 끝은 또 다른 시작이 될 것이며, 그 시작은 100세를 사는 당신에게 더 많은 시간을 선물할 것이다. 축구 감독은 축구 스타보다 연봉이 적다. 그러나 축구 감독은 한때는 축구선수였다. 비록 나중에 기술자로서 연봉이 줄 수는 있겠지만, 제2의 인생에 기술만큼 큰 자산은 없다. 좋은 스승을 찾아 나만의 노하우를 담아 기술을 익히고 또 익혀라! 땀 흘려 배운 기술은 결코 배신하지 않는다.

이제는 변화를
인식해야 할 때

시간이 흐르면서 자신이 변화하고 있다고 생각하라! 사물을 바라보는 시각이 변화하고, 소소하지만 재능이 생기면서 발생하는 생각의 차이가 틀림없이 있을 것이다. 경력이 쌓이고, 늦었지만 대학에 진학하고 졸업하면서, 그렇게 끈기를 가지고 하나씩 이루어감으로써 당신을 바라보는 주위 시선이 바뀔 것이다. 만나는 사람들이 다르면 대화가 달라지고 대화가 달라지면 목표가 달라진다는 것을 깨닫게 될 것이다. 그렇게 좀더 높은 곳을 향해 오르고 있는 나 자신을 발견할 것이다.

드라마만 보던 내가 시사 프로그램을 보고, 만화책만 보던 내가 소설이나 인문서를 읽고, 개그 프로그램만 보던 내가 뉴스를 시청하고 있다면 분명 당신도 모르는 사이에 변화했다고 생각하면 된다. 그것은 스스로 노력하면서 맞는 자연스러운 변화이기 때문에 거부감이 덜할 것이며, 인위적인 부분이 적기 때문에 생각과 마음이 받아들이기에 쉬울 것이다.

어쩌면 당신은 더 높은 꿈을 꾸게 될지도 모른다. 강연 프로그램에 출연할 만큼 베테랑이 되어 후배들의 멘토가 되어 있을지도 모르고, 어느 회사의 CEO가 되어 있을지도 모른다. 이런 당신의 미래 모습을 당신과 같은 환경을 걸어온 선배로서 또한 당신과 함께 미래를 설계할 한 사람으로서 누구보다 열렬히 응원한다.

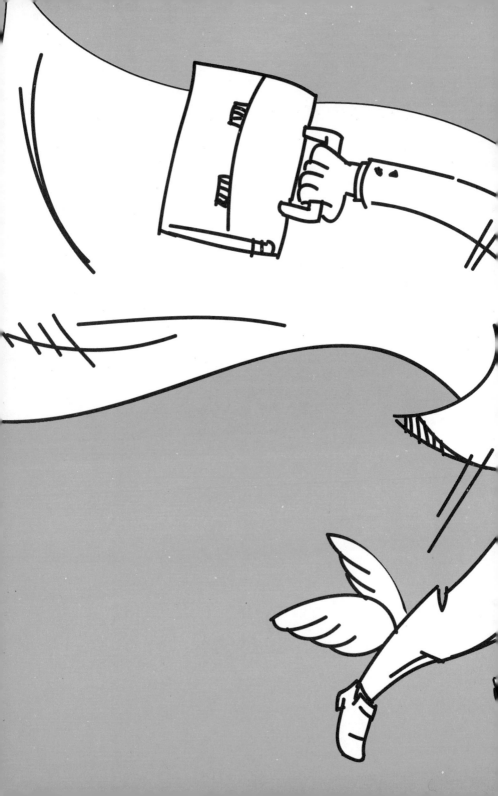

Part2

전문대졸,
당신만의
판을 만들어라

'내 위치'를 설정하기_____

어떤 회사에서는 현장관리직, 어떤 회사에서는 사무직, 어떤 사업장에서는 현장직일 수도 있는 전문대졸 사원은, 좋게 표현하면 취업 선택의 폭이 넓은 것이고 반대로 말하면 어디에도 낄 수 없고 어디에서도 제대로 인정받지 못할 수 있다는 것을 뜻한다.

전문대졸 사원은 항상 이런 생각들과 맞닥뜨리게 될 것이다. 열심히 하는데 상대적으로 대졸에 비해 평가는 떨어지고 진급이 늦어진다. 자신보다 뒤늦게 들어온 대졸 후배가 먼저 대리가 되고, 과장이 된다. 나 또한 그런 상황들과 무수히 직면했고, 그 과정에서 포기, 좌절이라는 단어와 조우했다. 그럴 때마다 많은 생각이 교차한다. 회사를 떠날 것인가? 전문대졸에게 주어지는 일만 하고 지낼 것인가? 이직에 필요한 스펙을 만들고, 경력을 만들어 타사로 이직을 할 것인가? 지금의 회사에서 더욱 노력해 나만의 역사를 만들어볼 것인가? 나는 포기나 좌절을 선택하기 이전에 어떻게 하면 나와 근속이 비슷한 대졸사원들보다 인정받을 수 있을까 생각하고 고민했다.

여기서 전문대졸들에게 정답을 말해줄 수는 없을 것이다. 하지만 과연 '입사한 회사에서 전문대졸로서 내가 무엇을 할 수 있을 것인가?' 하는 질문을 던져줄 수는 있을 것이다. 직장인으로서 어떤 인생을 살 것인가라는 물음에 답을 찾는 것은 결국 각자의 몫이다.

판의 주인공이 되어라

학벌이 안 되는 것을 인정하라! 영어가 안 되는 것 또한 인정하라! 사실에 대해서는 겸허해져야 한다. 대신 자신이 배정받은 부서에서 무엇을 잘할 수 있는지 확인하라.

　　사람을 만나는 부서에서 일을 한다면, 당연히 시간과 돈을 투자해서 많은 사람을 만나보려고 노력해야 한다. 그리고 그들의 이야기를 많이 들어보려고 노력해야 한다. 하지만 결코 이야기를 듣는 선에서, 만나는 선에서 끝나면 아무것도 되지 않는다. 만남 속에서 분위기를 파악하고 정답을 찾아라! 회사에서 많은 사람을 만나다 보면 그 계층의 분위기를 파악할 수 있다. 또한 분위기와 더불어 그 계층의 현재 이슈와 향후 그들이 생각하는 방향도 파악할 수 있다. 그 분위기에 맞추어 한발 빠르게 움직여라! 만약 병원에서 근무한다면 병원의 주 고객층이 남녀노소 어디에 속하는지 알아야 할 것이다. 어린이들이 좋아하는 관심사가 무엇인지, 어린이들은 어떤 환경의 병원에 오고 싶어 하는지 등 말이다.

　　과거 맥도날드가 어린이들에게 친근한 이미지를 주고자 천장을 만화 형태로 꾸며놓은 것을 본 적이 있다. 그러면서 생일 파티 상품을 만들어 주 고객층인 어린이들에게 친근하게 다가갔는데, 그 당시 다른 경쟁 프랜차이즈에서는 그런 인테리어와 상품을 선보이지 않았다. 그래서 한동안 맥도날드가 어린이들 사이에서 대유행했다.

　　요즘에는 전국적으로 감자탕 전문점이 유행하는 것 같다. 주 고객층은 누가 봐도 어른인데, 감자탕 전문점은 놀이방 시설이 아주 잘되어 있다. 어른들을 유치하려면 어른들이 편안하게 식사할 수 있는 분위기를 만들어놓아야 하기 때문이다. 아이들이 또래 아이들과 같이 뛰어놀 수 있는 놀이방을 만들어놓음으로써 부모가 편안하게 식사를 할 수 있는 식당이 된 것이다.

　　최근 현대캐피탈은 삶의 경향에 맞춘 할부 상품 광고를 내보내고 있다. 광고 내용은 다음과 같다.

　　스페인은 경기가 불투명하다. 브라질은 이직이 활발하다. 미국은 사회 초년생도 차가 필수다. 현상은 누구나 본다. 현대캐피탈은 솔루션을 찾아낸다. 스페인은 하루 1유로씩 나눠내는 할부 상품, 브라질은 재취업 때까지 늦춰내는 할부 상품, 미국은 초기 비용 부담을 없앤 할부 상품, 그 나라의 관점을 본다. 그래서 답을 찾는다.

이렇듯 현상은 누구나 볼 수 있지만 그 현상에 맞는 상품을 출시하고 서비스를 실행하기까지 많은 고민과 의지가 필요하다. 내가 근무하는 곳의 여러 현상을 보고 답을 찾으려는 노력은 그곳에서 열심히 일을 하는 동기가 될 것이다.

현장 근무와 사무를 같이하는 전문대 출신이라면 그 업무를 제일 잘 아는 사람을 따라다녀라! 현장에서 인정을 받기 위한 방법은 의외로 단순하다. 현장을 그만큼 많이 알아야 하고, 알고 있는 정보를 응용해 그와 관련한 문제에 빠른 해답을 찾을 수 있으면 된다. 당신이 일을 배워야 한다면 그 분야에서 경력자를 찾아가 그사람을 치켜세워주어라. 그리고 그 사람이 나에게 어떤 것을 가르쳐줄 수 있는지 끊임없이 질문을 던져라. 처음에는 귀찮아할지도 모른다. 가르쳐줄 이유가 없기 때문이다. 그때 필요한 것이 진정성이다. 내가 입사한 이유가 무엇이고, 내가 회사에서 어떠한 역할을 할 수 있으며, 내가 당신의 노하우를 꼭 배워야 하고 그것을 바탕으로 어떠한 회사생활을 할 것이라는 사명이 있는 진정성. 그것이 상대방 눈에 비치면 당신 주위의 경험 있는 선배들은 기꺼이 당신에게 많은 조언과 노하우를 전수해줄 것이다.

하지만 이 모든 과정은 하루아침에 이루어지지 않는다. 진정성이 겉으로 드러나 상대방의 마음을 열 만큼 감동을 주기 위해서는 많은 시간과 노력이 필요하다. 그렇게 인고의 시간을 보내야만 당신이 궁금해 하는 질문에 대한 최고의 해답을 찾을 수 있다. 제일 중요한 것은 당신이 하고자 하는 의지와 배우고자 하는 마음이다.

기초부터 배운다는 마음가짐이 중요하다. 부서원들이 작성한 문서를 모두 탐독하겠다는 강한 의지를 보여라. 그러면 과장, 부장, 팀장이 어떤 스타일의 문서를 좋아하는지 파악하게 된다. 처음 일을 시작할 때는 '형식이 뭐가 중요한가? 내용이 중요하지'라는 생각을 하기 마련이다. 나도 그런 생각을 했다. 하지만 시간이 지나서 알게 되었다. 형식이라는 것이 때로는 중요하다. 한눈에 들어오는 품의서는 누가 읽어도 의사결정을 내리기 쉽기 때문이다. 회사에서는 직급이 올라갈수록 바쁘다. 의사결정을 할 사항도 많아지고 실무자처럼 한 가지 일을 붙잡고 몇 날 며칠 고민할 시간이 없다. 누군가 정리해둔 자료에 본인의 직관을 더해 의사결정을 해야 할 일이 많다. 결국 실무자는 눈에 들어오는 일목요연한 품의서 한 장에 승부를 걸어야 한다.

그래서 그나마 한가한 신입사원 시절에 최근 3년간 부서에서 작성된 문서를 모두 읽어본다는 각오가 필요하다. 그래야 부서의 상사들이 보고서에 핵심을 어떻게 담아내는 것을 좋아하는지 자연스럽게 파악이 된다. 상사에 따라서는 문제 제기를 듣고 토론을 거쳐 함께 해결 방안을 제시하는 것을 좋아하는 스타일이 있는가 하면, 부하 직원이 아이디어를 내고 답을 정리해오면 그에 대한 의견을 다는 것으로 충분하다고 생각하는 스타일이 있다. 또 완벽한 보고서를 원하는 사람이 있고, 보고서의 완성도보다는 스피드를 좋아하는 사람도 있다. 일에는 정답이 없다. 군이 틀린 것이 아니라면 상사의 스타일에 맞추는 것이 무조건 좋다. 코드를 맞춰가고는 싶은데, 코드를 모른다면 모든 일이 허사가 아닌가. 그 점에서 부서의 지난 보고서는 직장생활 적응의 좋은 교보재가 된다. 또한 의외로 핵심인력으로 자리매김하는 지름길이 될 수도 있다. 지난 3년간의 핵심 추진 업무를 찾아보고 따라가다 보면 향후 1~2년 내 부서가 새롭게 추진할 업무에 대한 아이디어도 떠오르기 때문이다.

선배 자리로 걸려오는 전화는 당신이 기꺼이 당겨 받아야 한다. 사실 처음에는 무슨 말인지 알아들을 수 없는 경우가 많을 것이다. 하지만 두려워할 필요가 없다. 왜냐하면 당신은 신입사원이니까. 모르는 것이 있으면 선배들에게 물어보면 된다. 이를 기

회로 부서 내 업무에 대한 이해를 넓혀갈 수 있다. "과장님! 지금 김 대리 전화를 대신 받았는데, A지점이 우리 지점보다 더 저렴한 가격으로 제품을 공급하고 있다는 고객의 클레임이 접수되었습니다. 해당 물건은 ○○고, 저희는 100원에 판매하는데 A지점은 98원에 판매한다고 합니다. 이런 경우 어떻게 대처해야 하는지 몰라서 여쭈어봅니다. 클레임을 제기한 고객의 이름과 전화번호는 적어놓았습니다." 사무실의 초보자인 당신이 할 수 있는 역할은 여기까지가 최선이다. 그다음 과정은 선배들이 문제를 해결하는 모습을 지켜보면서 배워나가는 것이다. 결국 당신이 당겨 받은 전화 한 통으로 타 지점에서 낮은 가격으로 제공되는 물품에 대해 어떻게 대처해야 하는지 자연스럽게 알게 된다. 비록 당신의 업무가 아니더라도 당신은 업무의 기초를 다지게 된다. 부서의 이슈를 빠르게 파악할 수 있게 되고, 우리 부서에서 일어나는 일 중, 선배들이 힘들어 하거나 특별히 귀찮아 하는 업무가 무엇인지도 덤으로 알게 된다. 거기서 한걸음 더 나아가 그렇게 알게 된 업무 중 내가 하고 싶은 일이나 제일 잘할 수 있는 일이 무엇인지 고민하게 되고, 그 업무에 도전할 기회가 생긴다.

자신을 디자인하라

현대사회에서 디자인은 그 자체로 혁신의 아이콘이 되기도 하며, 제품의 매출을 결정짓는 중요한 지표가 되기도 한다. 애플은 로고 자체에도 혁신의 이미지를 담았는데, 뉴턴이 사과나무 아래에서 사과가 떨어지는 것을 보고 만유인력의 법칙을 발견한 이야기를 토대로 사과 모양의 로고를 만들었다고 한다. 누구나 사과가 떨어지는 모습을 볼 수는 있지만 그 현상을 보고 세상에서 처음으로 만유인력을 추론해내는 것은 굉장히 어려운 일이다. 지금은 어렵고 힘들어 보이지만, 시간이 흐르면 결국에는 당연하게 받아들여지게 될 그런 일을 하는 것이 애플이 지향하는 바이며 애플이 담고 싶은 로고의 의미인 것이다.

과거 기아자동차는 거의 부도에 이를 정도로 경영이 악화

된 적이 있었다. 이때 현대자동차에 인수합병 되면서 다시 회생의 길을 걷게 되었다. 2006년 8월, 기아자동차는 중대한 결정을 내렸다. 만년 적자에서 벗어나고 새롭게 재탄생하기 위해서는 특단의 조치가 필요했고 이에 아우디, 폭스바겐 등 세계적인 자동차 회사의 디자인 총괄책임자를 역임했던 피터 슈라이어를 영입했다. 그 결과 미래지향적인 콘셉트를 담은 전혀 새로운 모습의 자동차가 탄생하게 되었다. 피터 슈라이어는 이렇게 이야기한다. "저와 제 팀이 한 일은 무색무취인 기아차에 색을 입혔다는 것이죠. 디자인은 기업 브랜드에 선명한 색을 입혀주지요."

사람도 마찬가지다. 내가 만약 무색무취의 사람이라면 나만의 향기가 나는 사람이 되어야 한다. 내면의 아름다움을 키우고 성숙한 인격을 만들어나가는 것도 중요하고, 사회에서 사람들과 어울리고 인연을 맺어가는 과정에서 그것이 나만의 고유한 색깔과 향기로 드러난다면 더욱 좋을 것이다. 직장인으로서 내 인생을, 내 모습을 어떻게 디자인해나가야 할지 상상하고 고민해야 한다. 만약 바로 옆에 내가 닮고 싶은 사람이 있다면 그 사람을 마음의 길잡이로 삼고 따라가 보는 것도 좋다.

누군가의 이름을 되뇔 때 그 사람의 이미지도 함께 떠오른다. "그 사람은 항상 에너지가 넘치는 사람, 힘든 일도 No라고 하지 않고 Yes 하고 도전하는 사람." 이런 모습이 나의 이미지가 되도록 노력해야 한다.

직장 내에서 소위 말하는 에스맨이 되면, 귀찮고 힘든 일들이 몰릴 수도 있다. 하지만 많은 일, 다양한 일을 한다는 것은 그것을 통해 개인의 역량을 계발할 수 있는 기회도 가지게 되는 것이다. 내가 하는 일은 너무 하찮고, 해도 티가 나지 않는 일이라는 생각에 사로잡히게 되면 그 생각은 점점 나의 건전한 생각들을 갉아먹기 시작하고 업무에 대한 흥미가 급격히 떨어질 수밖에 없다. 부서의 누군가는 해야 하는 일이라면 내가 한다는 긍정적인 마음가짐이 필요하다. "영업 팀에는 그 친구한테 전화해봐! 물류 팀에는 그 친구가 있어! 총무 팀에는 그 친구가 알 걸? 관리 팀의 그 친구는 우리를 잘 도와줘!" 이런 종류의 평판이 따라다닌다면 직장생활에서 이보다 더 좋을 수는 없을 것이다. 다른 부서내 누군가에게 연락하기 껄끄러운 대상이 되어서는 안 된다.

실제로 일을 하다 보면 전화 통화만으로도 정말 기분이 나빠지는 상대가 있다. 자신의 입장과 본인의 용건만을 일방적으로 전달하고 전화를 끊어버리는 경우를 종종 겪기도 한다. 어떤 경우에는 그 일이 절대 자신의 일이 아니며 도와주고 싶어도 지금 여력이 없다는 핑계를 대기도 한다. 그것은 본인의 발전뿐만 아니라 회사의 발전에도 전혀 도움이 되지 않는다. 또한 나 한 명 때문에 부서 전체의 이미지가 나빠질 수도 있다. 나와 우리 부서의 가치를

높이기 위해서는 타부서의 업무 협조 요청이나 문의가 왔을 때 항상 긍정적이고 적극적으로 도와주려는 마음가짐을 가져야 한다.

결국 일은 관리자가 하는 것이 아니라 실무자가 한다. 부서 간 협업 및 실무자 간 의사소통이 잘 이루어지지 않는다면 회사의 발전도, 개인의 발전도 있을 수 없다. 내가 우리 팀에서 가장 적극적이고 긍정적으로 타부서와 협업을 해나갈 때 회사 내에서 우리 부서를 떠올리면 사람들은 자연스럽게 나를 떠올리게 되고, 이런 일이 반복되면 팀 내 실질적인 영향력은 팀장보다 커질 수도 있다.

많은 것을 채워라

업무 관련 지식이든 부서 내 업무든 일단 많이 채워야 한다. 처음 입사를 하게 되면 하드디스크가 텅 빈 PC를 지급받는다. 당장은 텅 비어 있지만 얼마 지나지 않아 각종 자료들이 자리를 차지하게 될 것이다. 그런데 가만히 있다고 채울 수 있는 것은 아니다. 물론 약간씩은 채워지겠지만 더디게 진행될 수밖에 없다. 조금은 부지런함을 떨어야 한다. 누군가 도움을 요청한다면 기꺼이 응해라. 그러면 자연스럽게 관련 업무의 프로세스를 이해할 수 있게 된다. 해당 업무담당자가 자리를 비울 때 당신의 역량을 발휘할 수 있는 기회가 올 것이다.

전혀 기대가 없던 신입사원이 업무를 원만하게 처리하는 모습을 상사가 보면 향후 평가는 확연히 달라진다. 그 평가는 향

후 본격적인 업무 배치나 의견을 묻는 자리에도 영향을 미치게 된다. 내 일도 아닌데 당장 내가 왜 해야 하느냐고 생각하고 속으로 불만을 가지면 아무것도 채워나갈 수 없다. 지금은 내가 도와주는 입장이지만 향후 나의 업무가 될 수도 있기 때문에 미리 배운다는 자세로 적극적으로 임하는 것이 좋다.

신입사원 시절 정말 다양한 일을 했던 것 같다. 기숙사 점검, 회사 근무복 반납 캠페인, 회사 이곳저곳에 방치된 안전모 수거 등 누가 시켜서 한 것도 있지만 자발적으로 한 일도 많았다. 처음 회사에 입사했을 때 회사 기숙사에서 생활했다. 우리 부서의 업무 중 외국인 근로자 900명의 업무를 지원하는 직무가 있었고, 그 당시 선배 한 분이 그 업무를 담당하고 있었다. 그 선배는 외국인 근로자들이 생활하는 기숙사 1층에서 생활을 하며 외국인 근로자들의 애로 사항을 처리하고 있었는데, 금요일 일과 후에는 가족이 있는 경남 하동으로 가는 일이 잦았다. 당시 기숙사에서 생활하던 나는 주말이면 선배의 방에 있으면서 찾아오는 외국인 근로자들과 이런저런 대화를 나누곤 했다. 그런 일련의 자연스러운 일상이 궁극적으로는 외국인 업무를 파악하고, 외국인 근로자들의 어려운 점을 이해하는 데 많은 도움이 되었다. 더불어 회사에서 만나면 반갑게 인사를 주고받는 외국인 친구들이 생겨났다.

지식뿐 아니라 여러 자료도 컴퓨터에 채워 넣어라! 부서에

서 공유하는 자료, 부서에서 보낸 중요한 문서, 윗사람이 중요하게 생각할 것 같은 문서 등. 업무담당자의 부재 시 당신이 틈틈이 정리해놓은 문서가 가치를 발하게 될 것이다. 업무담당자가 중요한 문서를 메일로 발송해놓고는 잊어버리는 경우가 종종 있다. 향후 중요하게 쓰일 것을 예측하지 못한 경우다. 요즘은 그런 일이 거의 없지만, 과거 컴퓨터의 하드디스크 용량이 그다지 크지 않을 때 업무 정리 차원에서 일제히 불필요한 자료들을 삭제해 하드디스크 공간을 확보하라는 상사의 지시가 있기도 했다. 그때 자료를 정리하면서, 폴더를 따로 만들어 내가 꼭 필요한 자료와 향후 상사가 찾을 가능성이 있는 자료를 보관했다. 시간이 한참 지난 후 어떤 자료를 상사가 급하게 찾았고, 그 문서는 우리 부서에서 나만 가지고 있었다. 만약 어느 누구도 보관하고 있지 않았다면 그 자료는 담당자가 기억을 떠올려 다시 만들 수밖에 없었을 것이고, 정확성은 어느 누구도 장담하지 못한다. 채우는 것 그리고 불필요한 것을 버리는 것! 이 두 가지는 다른 세상사와 마찬가지로 직장에서도 중요한 항목이다.

못하는 것과 안 하는 것

현재의 상황에서 내가 절대로 못 하는 업무가 있다면, 그것이 무엇이며 과연 그것을 하지 못하는 이유가 무엇인지 생각해봐야 한다. 좀더 신중하게 그것을 정말로 못하는 것인지 아니면 그 일 때문에 다소 껄끄러워지거나 귀찮아지는 것이 싫어서 본능적으로 거부하는 것인지 곰곰이 생각해봐야 한다. 간혹 대중 앞에서 프레젠테이션 발표를 하지 못하는 사람이 있다. 위치상 본인이 해야 하는 일이 명확한데도 절대 하지 않으려 하고 끝까지 회피하는 경우, 그 사람이 시도조차 해보지 않았다면 이것은 못하는게 아니라 안 하는 것으로 볼 수 있다.

　발표 자료 자체를 만들지 못하는 사람이 있는가 하면, 만들어주는 발표 자료를 제대로 이해하지 못하고 엉뚱한 방향으로

발표를 하는 사람도 있다. 그런 경우 대부분 편하게 앉아서 듣고 있는 청자들은 발표자가 내용을 제대로 이해하지 못하고 있다는 것을 눈치채기 마련이다. 발표 자료를 만들지 못하는 것은 시도조차 해보지 않았기 때문에 '안 하는 것'이며 만들어준 발표 자료조차 제대로 이해하지 못하는 것은 그냥 노력 부족이다.

가끔 부서 내 업무 로테이션을 할 때 보면 사람들의 업무에 대한 자세 및 역량이 극명하게 드러난다. 어떤 업무가 주어진다 해도 잘 해나갈 수 있는 자신감이 있는 사람이 있는 반면에, 생소한 업무나 좀 힘들어 보이는 업무가 주어지면 '그 일은 못 하겠다'고 서슴지 않고 표현하는 사람도 있다. 해보지도 않고 못 한다고 하는 것은 결국 '안 하는 것'이다. 게다가 입사한 지 얼마 되지 않은 신입사원에게 '안 하려는 업무'가 점점 늘어난다는 것은 직장 내에서 그만큼의 기회가 사라진다는 뜻이다. 누구도 하지 않으려는 업무를 자발적으로 맡고 또 그 업무에 충실해 높은 효율을 올릴 때, 당신은 또 하나의 탁월한 업무 역량을 가지게 된 것이고 일에 대한 높은 자신감도 덤으로 갖는다. '준비하는 자에게만 기회가 주어진다'라는 말은 매우 평범한 이야기이지만, 직장생활에서 매우 중요한 이야기다. 진짜로 도전하고 준비하는 사람에게만 기회가 주어진다. 뭐든지 안 하려고 드는 사람에게는 절대 기회가 주어지지 않는다.

신입사원이나 1~2년차 사원이 업무 변경 등을 통해 새로운 상사와 일을 하게 되는 경우, 그 상사와 뜻이 잘 맞지 않는다는 이유로 어려움을 호소하며 심하면 그 일을 못 하겠다고 하기도 한다. 조직 내에서 주어진 어떤 일을 못 하겠다고 하는 것은 매우 큰 문제이며, 그 조직에서 필요가 없는 인물이라는 뜻으로도 해석된다. 그런 유형들이 야심이 없거나 의욕이 없지만도 않다. 다만 조직에 기여하기보다 자기계발 등 개인의 역량 향상에 더 관심을 기울이는 일이 많다. 심지어 업무 시간에 어학 공부를 하거나 자격증공부를 하는 경우까지 보았다. 아무리 일부 업무와 관련이 있다 하더라도 이는 회사의 미래가 아닌 본인의 미래만을 생각하는 이기적인 행동이다.

물론 이렇게 항변하는 경우를 많이 보았다. "나의 개인 능력 상승은 회사의 발전에도 도움이 될 수 있다. 사원 개개인의 능력은 회사의 경쟁력이다." 물론 맞는 말이다. 그러나 개인의 역량 개발을 우선순위에 두는 것이 문제인 것이다. 직장생활을 하다 보면 개인의 발전, 회사의 발전, 그리고 기혼자의 경우 가정생활 이 세 가지 중 하나를 선택해야 하는 경우가 많다. 반드시 직장이 개인이나 가정보다 우선해야 한다고 말하는 건 아니다. 하지만 회사의 발전과 개인의 발전이 함께 가야지만 당신이 계속해서 근무를 할 수 있다. 나 말고도 누군가 열심히 하고 있겠지 하고 안일하게 생각한다면, 만약 모든 구성원이 그렇게 생각하고 있다면 그 조직은 어떻게 될까? '나 하나쯤이야' 하는 생각에서 벗어나 '나부터'라고 생각해야 한다.

안 한다고 말하는 사원은 회사에 필요가 없는 사원이다. 도저히 못 하겠다고 하는 사원은 회사가 교육훈련을 통해 양성해야 할 사원이다. 할 수 있다고 말하는 사원은 회사에 필요한 사원이다. 당신은 어떤 사원이 되겠는가?

회사생활은 실전이다

누구나 실수는 한다. 한 번도 실수를 하지 않은 사람은 없을 것이다. 그렇다고 해서 실수에 관대해져서는 절대 안 된다.

2014년 브라질 월드컵 홍명보호의 태극전사는 국민의 많은 기대를 안고 브라질 월드컵 본선 무대에 출전했지만 그 성적은 1무 2패로 16강 좌절이었다. 그 결과를 두고 당시 이영표 해설위원이 경기 말미에 했던 말이 기억난다.

국가대표 선수들은 기대했던 만큼의 성적을 내지 못했고 이를 두고 홍명보 감독은 '우리 선수들이 이번 월드컵을 통해 좋은 경험을 했다. 앞으로 더 도전하고 발전해야 한다'는 취지의 발언을 했다. 이에 대해 이영표 해설위원은 "월드컵은 경험하러 나오는 자리가 아니다. 실력을 증명하는 무대다"라고 언급해 한동안 이슈가 되었다.

이영표 해설위원의 말처럼 우리는 직장이라는 무대에서 우리의 존재를 증명해야 한다. 하지만 신입사원이 선발 출전의 기회를 잡기는 매우 힘들다. 실전 경험의 기회가 바로 생기지 않기 때문에 간접경험을 통해 많은 것을 익히고 흡수해야 한다. 게다가 반복적인 실수는 '전문대졸의 한계'라는 인식을 다른 사람에게 심어줄 수 있다. 누구나 실수를 할 수 있지만 그 실수에 용기를 북돋워주고 새로운 해결 방안을 함께 찾아주는 사람이 있는 반면에 '전문대졸이 그렇지' 하고 치부해버리는 사람도 있을 것이다. 그런 이유로 어쩌면 전문대졸에게 실수는 치명적일 수 있다. 특히 예측 가능한 실수라면 도저히 용납이 되지 않는 경우가 허다하다. 따라서 예측 가능한 실수라면 절대 재발되어서는 안 된다.

기회는 많이 주어지지 않는다. 흔히 인생을 살아가다 보면 몇 번의 기회가 온다고들 하지만, 과연 그 기회가 언제 오는 것인지도 잘 모르고 또 몇 번씩이나 찾아와줄 정도로 훌륭하게 살아온 것 같지도 않다. 그래서 한 번 기회가 다가왔다면 악착같이 잡아야 한다. 항상 상상해야 한다. 나라면 저런 상황에서 어떻게 할 것인가? 나라면 이런 상황에서 어떻게 판단할 것인가? 내가 거기에 있었다면 어떻게 답변할 것인가? 기회가 오지 않은 지금 그 상황을 이해하고, 판단하고, 답변을 준비해야 한다. 기회가 온 후에 준비하는 것은 기회를 놓친 것과 다를 바가 없다.

지금 당신에게 기회가 찾아왔다면 과감하면서도 신중하게 접근하라. 절대로 실수를 해서는 안 된다. 나에게 찾아온 기회에 노력이라는 양념을 더해 성과라는 결과물을 만들어 상사와 주위 동료들에게 나 자신을 증명해내야 한다. 정말로 우리에게 기회는 많지 않다.

위기라고 판단될 때는 보고하라

업무를 하다 보면 자신이 해결하기에는 상당히 버거운 상황에 직면하는 경우가 생긴다. 자신의 실수로 고객이 상당히 화가 난 경우라든지, 엑셀을 잘못 돌리는 등 작은 실수로 금전적 손해가 발생한 경우, 또는 기계 오작동으로 물적 피해를 야기하거나 상사의 업무 지시를 잘못 이해하고 엉뚱한 일을 하는 등 다양한 일이 발생할 수 있다. 이런 여러 위기 상황에서 당신을 적극적으로 구해 줄 수 있는 사람이 당신의 상사다. 만약 나의 노력으로 스스로 해결할 수 있는 상황이라면 그 정도는 위기가 아니라고 할 수 있다. 당신의 실수로 고객이 화가 났다면, 그 고객을 만나고 고객의 요구 조건을 경청하고 해결할 수 있는 능력을 가진 사람은 당신과 더불어 당신의 상사라는 것이다. 회사에 물적 손해를 입힌 경우,

그것을 회사 상층에 보고하고 해결 방안을 찾을 수 있게 도와주는 것 또한 상사의 역할이다.

드라마 〈신사의 품격〉에서 김도진(장동건 분)이 고객이 던진 컵에 회사 직원이 얼굴을 맞았다는 것을 알고, 그 고객을 찾아가 계약서를 찢어버리고는 사무실로 돌아와 직원들에게 이런 말을 한다.

이 대사처럼 모든 회사에는 직급이 있고 직급에 맞는 역할이 있다. 어떤 상사든 자신이 쉽게 해결할 수 있는 일을 가지고 부하 직원들이 마음고생을 하도록 내버려두지 않을 것이다. 내가 만난 상사들도 대부분 그랬다.

업무를 하다 보면 종종 작은 위기도 찾아온다. 스스로 어떤 업무의 기획 안을 작성해야 할 때, 어떻게 시작해야 할지 난감

한 경우가 있다. 그렇다고 손을 놓고 있을 것인가? 일단 시작은 해야 한다. 그러고도 앞이 안 보인다면, 중간관리자에게 그 기획 안을 점검 받기를 권한다. 당신이 작성한 기획 안을 읽어본 중간관리자는 당신이 미처 생각하지 못한 부분들에 대해 기꺼이 도움을 줄 것이다.

혹시 지금 회사에서 위기를 맞았는가? 그렇다면 당신을 그 위기에서 구해줄 상사에게 도움을 요청해보라. 아마 조금은 수월하게 그 위기에서 탈출할 수 있을 것이다.

시간을 효율적으로 써라

신입사원으로서 무엇을 가장 먼저 해야 하느냐고 묻는다면, 일찍 출근하는 것을 당연 으뜸으로 꼽는다. 그런데 일찍 출근하는 것보다 더 중요한 것은 일찍 출근해서 무엇을 하느냐. 일찍 출근해서 사무실 책상 앞에 앉아 모닝커피를 한 잔 마시면서 인터넷 서핑이나 하고 있다면 그냥 좀더 푹 자고 맑은 정신으로 출근하느니만 못 하다.

이른 새벽 사무실을 밝히는 전등, 컴퓨터 전원 버튼, 정수기 물 한 잔, 인스턴트커피 한 봉지 모두 회사에서는 지출 경비로 계산하는 항목이다. 또한 일찍 출근하는 것 자체를 목적으로 아직은 피곤이 덜 풀린 상태로 회사에 나왔다면, 그 또한 업무 비효율 사항이 될 수 있다. 일찍 출근한 이후의 행동이 더욱 중요하다는 말이다.

　　만약 제조업에 근무한다면 안전화로 갈아 신고 현장으로
달려가야 한다. 오늘 진행할 업무들이 무엇인지 확인하고 또 사전
에 준비해놓아야 할 장비들은 없는지 서툴지만 나름의 기준으로
챙겨보면서 출근하는 현장사원들과 아침 인사를 나누어야 한다.
만약 서비스업에 종사를 한다면 깨끗한 매장 혹은 사무실이라 할
지라고 한 번 더 쓸고 닦아보는 것은 어떨까? 고객의 명단을 확인
하고 고객의 요구를 파악하는 것도 중요한 일이 될 것 같다. 세일
즈를 한다면 고객의 생일, 결혼기념일을 확인하고 누구에게 어떤
판촉 문자를 보내는 것이 좋은지 확인하는 것도 하루를 시작하는
준비 과정이 될 수 있을 것이다.

　　하지만 단지 상사의 눈치 때문에 일찍 출근하지는 마라.
그것은 정신적으로도 스트레스 받는 일일 뿐 아니라, 본인의 의지
가 아니므로, 고작 인터넷을 하거나 스마트폰 게임을 하며 그 귀
중한 아침 시간을 허비하게 될 가망이 크다. 또한 바쁜 업무로 새
벽에 출근해 업무를 하는 사람의 사기까지 꺾게 되는 신비한 마법
까지 부린다. 하지만 오늘을 일찍 시작한 당신은 무언가 의미 있
는 행동을 할 것이며, 반복된 행동 속에서 필시 어떤 결과물을 낳
을 것이다. 그것은 당신과 회사에 많은 도움을 주며 궁극적으로는
상사가 바라는 부하 직원의 모습이기도 하다.

많은 사람이 퇴근 후 운동을 하거나 가족들과의 저녁 시간을 꿈꾼다. 그러나 실상은 하루 8시간도 모자라 잔업을 하는 경우가 많다. 그런데 업무 시간 중에 보고서가 잘 안 써지니 머리를 식힌다고 담배를 피우고, 말을 걸어오는 동료를 무시할 수 없어 메신저를 하거나, 심지어 몰래 야구 경기를 시청하면서 업무 시간을 허비하지는 않았는지 생각해봐야 한다. 그리고 그렇게 허비한 시간을 만회하기 위해 시간외 근로수당을 받으면서 잔업을 하고 있는 것은 아닌가? 혹시 오전 내내 업무에 집중하지 못하고 있었으며, 점심을 먹고 오후 3시경이 되어서 슬슬 업무를 시작하는 스타일은 아닌지 한번쯤 솔직히 자신을 평가해봐야 한다. 실제로 많은 직장인이 하루 종일 바쁜 것 같지만 오후가 되어서야 본격적인 업무를 하는 경우가 많다. 세상에는 아침형 인간도 있고 올빼미형 인간도 있다. 하지만 회사는 당신이 출근해 있는 동안 일을 하든, 커피를 마시든, 화장실을 가든, 메신저를 하든, 친구와 사적인 통화를 하든 상관없이 급여를 지급하고 있다.

혹여 상사가 사원들의 잔업(시간 외 근로수당을 많이 받는) 모습만으로 사람을 평가하고 그들을 유능한 인재로 생각하는 경향이 있어서 그런 이유로 부득이 업무 시간이 아닌 근무 외 시간을 활용해야만 하는 상황이라면, 내 생각이 확실한지 반문해보아야 한다. 상사는 모두 신입사원 시절을 거쳐 상사가 되었고, 이는

즉 부하 직원의 업무량과 효율을 정확하게 분석하고 평가할 수 있을 가능성이 크다는 말이다. 우리는 우리의 8시간을 최대한 효율적으로 사용해야 하고, 그에 따른 정확한 평가가 이루어지는 곳에서 생활하고 있다는 것을 인지해야 한다.

말을 하되 정보만을 제공하라

간혹 자신이 알게 된 정보를 무분별하게 가십처럼 이야기하는 경우가 발생한다. 하지만 말을 많이 하다 보면 누구나 실수를 하기 마련이다. 그런 일이 반복되다 보면 신뢰를 잃을 수도 있고 자칫 잘 알지도 못하면서 잘난 체하는 이미지로 각인될 가능성도 있다.

급할수록 돌아가라는 말이 있듯이 조급한 마음이 들수록 여유를 가지고 마음을 컨트롤해야 한다. 회사라는 공동체는 다양한 사람이 비슷한 목적을 가지고 유사한 생활 패턴으로 살아가기 때문에 유언비어가 둥둥 떠다니기 마련이다. 그중에서 진짜 가치 있는 내용만을 잘 추려내 상사들과 자연스럽게 공유하는 노하우가 필요하다. 만약 아직 무엇이 정보이고 소문인지 잘 알지 못한다면 역시 '침묵이 금'인 것이다. 각종 소문과 정보 속에서 회사의

전반적인 분위기를 파악하고 향후 업무 방향에 도움이 되는 알짜 정보를 뽑아낼 수 있는 인적 네트워크와 직관을 가졌다면, 그 사람 주변에는 사람이 몰려들 수밖에 없다. 이런 일들이 반복되고 자연스럽게 고급 정보가 필요한 시기가 되면 상사나 선배가 당신을 찾게 된다. 간혹 어미 새가 모이를 물어오듯 여기저기서 정보를 물어와 마구 퍼뜨리는 사람들이 있다. 이들은 업무로 진검 승부를 내기 꺼려하는 부류일 때가 많다. 그저 가십으로 한 말일 수도 있지만 개인의 신상과 관련한 것일 경우 본의 아니게 상처를 입는 사람이 발생한다. 꼭 필요한 내용이라 하더라도 이런 정보를 다룰 때는 유의해야 한다.

　　언젠가 함께 근무했던 상사의 모친이 편찮은 적이 있었다. 그분은 모친의 병환에 대해 주위에 알리고 싶어 하지 않았지만, 휴가를 사용해야 하는 등의 사정으로 회식 자리에서 주위 동료들에게 모친의 병세, 그에 따른 어려운 심경 등을 간략히 이야기하며 이해를 구했다. 모친의 병환이 숨기고 덮어야 할 비밀은 아니지만, 다른 사람들에게 드러내고 싶지 않은 당사자의 마음을 함께 헤아리는 것이 필요하다.

　　마침 최상위 관리자가 그 상사의 모친 근황에 대해 본인이 없는 자리에서 물어본 적이 있다. 만약 마음이 조급하고 어떻게든 높은 사람에게 잘 보여야겠다는 생각이 있는 사람이라면 시시콜콜

한 이야기까지 모두 풀어놓을 것이다. 황당하게도 실제로 이런 일
이 많이 벌어진다. 이때는 대강의 사항만을 전달하는 것이 바람직
한 태도다. 개인의 신상과 관련한 정보까지 함부로 전파하는 우를
범하면 동료들은 당신에게 속을 터놓고 이야기하지 않게 된다. 생
각 없는 정보 전달이 신의를 저버릴 수 있음을 항상 염두에 두자.

척하지 마라

주위를 한번 둘러보면 나보다 아는 것이 많고, 가진 것이 많은 사람으로 넘쳐난다는 것을 잘 알 수 있다. 굳이 내가 아는 척을 하지 않아도 우리는 이미 정보의 홍수 속에서 살고 있는 것이다.

　　직장생활을 하다보면 상사나 동료가 궁금해 하는 사항에 대해 내가 알고 있는 바를 서로 공유하는 일이 많다. 물론 크게 과하지 않은 정도라면 문제가 없다. 하지만 크게 중요한 것도 아니고 다수의 사람이 반드시 알아야 하는 것도 아니라면 잘난 척하는 사람으로 오해를 받을 수도 있다. 특히 요즘처럼 SNS때문에 생기는 폐해가 많을 때는 더욱 그렇다.

　　둘러보면 우리 주변에는 다른 사람의 이야기를 경청하기보다 본인의 이야기를 들어주기 바라는 사람들이 훨씬 많다. 정작

핵심은 없는 이야기를 하면서 마치 전부 아는 것처럼 이야기하는 사람도 많다. 이런 경우에는 '빈수레가 요란하다', '번데기 앞에서 주름 잡는다'라는 말을 듣기가 십상이다.

운동을 배우다 보면 종종 이런 장면을 목격한다. 초보자가 운동을 하고 있으면 주변에서 그에게 무언가를 가르치려 드는 것이다. 그런데 그런 사람들은 대부분 입문한 지 1~2년 정도 밖에 안 되는 경우가 많다. 자신도 아직 배워야 할 것이 많을 텐데 왜 굳이 가르치려고 드는 것일까? 반면 경력이 많은 사람들은 굳이 누구를 가르치려고 들지 않는다. 누군가가 물어오면 대답을 해주는 정도의 친절만을 베푼다.

숨은 고수는 주위에 참 많다. 그리고 그 고수들은 항상 하수들의 현 상태와 성장 과정을 주시하고 있다. 어설픈 지식을 자랑하다 창피를 당하지 않도록, 아는 척하는 것은 버리고 조금 낮은 자세로 타인을 대해야 한다.

예를 들어 자기가 돈을 많이 번다고 자랑하는 친구가 있다고 가정해보자. 내 친구가 합법적인 방법으로 돈을 많이 벌고 있다면 그것은 정말 반갑고 기분 좋은 일이다. 그런데 친구가 같이 만나도 밥값 한 번, 술값 한 번 안 내는 친구라면 기분이 어떻겠는가? 아마도 속으로 '돈자랑하려고 나를 만났나?' 하는 생각이 들 수밖에 없다. 그래서 '척'하고 싶으면 반드시 행동을 병행해야 한다.

사회생활을 하다 보면 아이러니하게도 돈벌이가 괜찮은 사람은 돈을 잘 안 쓰고, 오히려 어렵게 생활하고 힘들게 돈을 버는 사람이 계산대 앞의 미묘한 감정 흐름에 민감하게 반응해 밥값, 술값을 계산하는 경우를 종종 본다. 그게 성이 많아서 그런 것인지 그냥 개인 판단인지 나는 알 수 없다. 하지만 계산대 앞까지 걸어가지 않을 생각이라면 돈자랑 해서는 안 된다는 말이다. 군이 척을 하지 않아도 격에 맞는 행동을 한다면 주변에서 자연스럽게 당신을 알아볼 것이다. '가진 척, 아는 척, 배운 척, 많은 척'을 하고도 배척되지 않으려면 사전에 주위 사람들과 항상 소통하며 공감대를 형성하는 작업을 선행해야 한다.

간혹 상사 중에는 무슨 품의서나 기획 안을 들고 들어가면 입버릇처럼 "예전에 내가 다 해본 것"이라고 이야기하는 사람이 있다. 부하 직원으로서 그런 이야기를 들으면 허탈감이 들면서 그야말로 잘난 척하고 있다는 인상을 지울 수가 없다. 똑같은 말을 하더라도 "예전에 비슷하게 해봤는데 과정이 많이 힘든 것 다 안다"라는 식으로 공감과 격려의 말을 해준다면 좋을 텐데 말이다.

불평은 꼭 필요할 때만 하라

과거 우리 회사의 어떤 임원은 일주일에 한 번씩 대졸사원들만 모아놓고 간담회를 했다. 전문대졸인 나는 그 간담회에 한 번도 참석한 적이 없어 구체적으로 어떤 이야기들이 오갔는지 모른다. 다만 그 자리에 초대된 대졸사원들에게 향후 회사를 이끌어갈 미래의 주역들이라는 말을 아끼지 않으면서 본인이 제조업에 근무하면서 겪은 노하우와 직장생활의 팁을 공유했다고 전해 들었다. 간담회는 자연스럽게 석식 자리로 이어지면서 함께 참석한 사원들끼리 친목을 다질 수 있는 기회로 연결되었다. 임원이 사원에게 성장할 수 있는 계기를 제공하고 동기를 부여하는 것은 굉장히 바람직한 일임에는 틀림없지만, 막상 그 자리에 초대받지 못했던 나는 약간은 씁쓸했다.

그 임원이 일부러 전문대졸과 대졸을 차별했던 것은 아닐 것이다. 최근에 대졸 신입사원이 입사를 했으니 같이 모아놓고 격려를 해야겠다는 생각을 했을 뿐, 어떤 부서에는 전문대졸 누가 있고 하는 등 세부적인 상황까지는 고려하지 못했을 것이다. 당시 나보다 1년 늦게 입사한 대졸 후배가 나에게 "왜 선배는 가지 않느냐"고 물었고 나는 그저 웃으면서 잘 다녀오라고만 했다. 그렇다고 해서 나는 그 일이 불평할 만한 일이라고는 생각하지 않는다. 대졸사원들에게 회사 나름대로 기대하는 역할이 있고, 직원의 성장은 회사의 성장과도 비례하기 때문에 어쩌면 그것은 당연한 일이다. 그냥 좀 씁쓸하면서도 우스웠던 것은 그 임원 또한 그렇게 학벌이 좋지 않았던 것으로 기억하기 때문이다.

회사생활을 하다 보면 여러 불합리한 상황과 직면하게 된다. 하지만 불평을 표하는 데는 신중함이 필요하다. 직장에서 제일 어리석은 사람은 수시로 불평을 이야기하는 사람이다. 꼭 불평을 해야 하는 사항이 있다면, 평소 생각했던 불합리한 사항을 일목요연하게 이야기하고 한 번에 털 줄 알아야 한다. 또한 그 불합리한 부분을 해결해줄 수 있는 결정권자에게 진지하고 진술하게 이야기하는 것이 중요하다. 그리고 딱 한 번이면 족하다. 수시로 불평을 하는 사람과는 어느 누구도 진지한 이야기를 하지 않으려 하기 때문이다.

펀fun한 조직문화를 위해

좋은 회사는 출근하고 싶어지는 회사다. 좋은 회사는 조직원 간의 시너지를 극대화시켜 생산성 높은 고효율의 조직을 만든다. 에이스그룹 이종린 대표의 다음과 같은 인터뷰를 읽은 적이 있다.

이른 아침 만원 지하철에 시달리면서 출근하고 허겁지겁 점심을 때운 뒤 밤 늦게까지 야근에 시달리는 직장생활을 하다 보면 퇴직할 무렵 인생이 아깝지 않겠습니까? 사업을 하기 전에는 저도 평범한 직장인이었어요. 그런데 오전 9시까지 출근을 해도 실제 오전 10시까지는 업무에 집중하기 어렵더라고요. 급히 나오다 보니 밥도 못 먹고 화장실도 가야 하고……

이런 이유에서 에이스그룹의 출근 시간은 10시까지이며, 하루 근무시간은 6시간, 점심시간은 2시간이다. 그의 신념은 적어도 지금까지는 성공적이라고 할 수 있다. 자본금 수천만 원으로 시작한 이 회사는 지난해 매출액 900억 원에 140억 원의 당기순이익을 올리는 중견기업으로 성장했다.

　　이렇듯 즐겁게 일하기 위해서는 회사의 정책이 굉장히 중요하다. 하지만 동시에 그것을 실행으로 옮길 수 있도록 일선에서 노력하는 사람도 그에 못지않게 중요하다. 경영진은 '신바람 일터 만들기'라는 목표를 가지고 일련의 활동을 진행하곤 한다. 호프데이, 단체 공연 관람, 체육 활동, 생일 파티 그리고 분기별 혹은 반기별로 우수팀을 선정해 시상하는 제도 등이 그 예다. 하지만 경영진의 수고와는 달리, 이것을 전달하는 실무 리더들은 참여 인원을 늘리기 위해 조직원들을 질책하는 수단으로 이용하기도 한다. '신바람 일터' 만들기는 각 조직의 특성을 잘 파악하는 것이 최우선 과제다.

　　예를 들어 여성이 많은 조직에서는 여성들을 위한 쇼핑 이벤트(일정 금액을 지급해 직원들에게 선물할 상품을 구입하고 전달) 혹은 마니또 게임(1년 동안 상대방이 모르게 지원하는 행위), 떡볶이가 있는 맥주데이 등을 가질 수 있을 것이다. 남성이 많은 조직에서는 선의의 경쟁을 통해 서로서로 축하할 수 있는 이벤트가 필요할 것이다.

그런데 막상 행사를 준비하다 보면 구성원들의 입맛도 다르고, 취향도 가지각색이라 식사 메뉴 선정에서 행사 진행까지 윗사람 한 명 한 명의 뜻에 맞추는 게 버겁다. 그래서 잘해야 본전이고, 잘못하면 싫은 소리를 듣는다. 그래도 너무 슬퍼하거나 좌절하지는 말자! 그분들도 다 알고 있다. 당신이 얼마나 고생을 하고 있는지…… 신입사원인 그대여, 오늘도 조직에 활력을 주는 프로그램을 구상해보면 어떨까? 그 프로그램을 통해 직원들이 서로 화합하고 배려하고 소통하게 만들 수 있다면 당신은 신입사원이라는 역할 속에서 최고의 성과를 창출하고 있는 것이다.

경쟁심이 과하면 독이다

상황이 좋을 때는 말을 어떻게 하든 행동을 어떻게 하든 크게 상관이 없다. 하지만 상황이 좋지 않을 때는 살기 위해 나를 절벽으로 밀어 떨어뜨리는 사람이 바로 옆 사람이 될 수도 있다.

회사생활을 하다 보면 내부감사에 적발되어 곤욕을 치르는 경우를 종종 본다. 물론 감사 대상이 되는 비위 행위를 하지 않는 것이 첫 번째이지만, 내부 고발자들은 항상 내 옆에 있기 마련이다. 5년, 10년, 20년, 30년 회사생활을 같이하다 보면 계속 좋은 일만 있을 수는 없다. 회사라는 것이 각자의 이해관계 속에서 이루어지는 집단이다 보니 좋은 날도 많지만 섭섭하고 기분 나쁜 날들도 생긴다.

사이가 좋을 때는 비밀이 되지만 사이가 틀어지거나 섭섭

한 일이 있을 때는 그 비밀이 약점이 된다. 진짜로 괜찮은 사람들은 다소 사이가 안 좋아진다고 해서 그 약점을 활용하지 않지만, 그 사람이 나의 성공이나 출세에 걸림돌이 된다면 상대방의 비위 행위를 고발할 용기가 생길 수도 있다.

회사와 관련한 나의 비밀을 가장 잘 알고 있는 사람이 바로 내 주위의 동료다. 때로는 약점이 될 수 있는 나의 비밀이 주위 사람의 입을 통해서 나가지 않도록 평소 말과 행동을 주의해야 한다. 출근을 하면 하루 8시간 이상 동료들과 생활한다. 물론 모두와 마음을 터놓고 지내는 것이 가장 좋은 것이고, 그것이 즐겁게 회사생활을 할 수 있는 방법이지만 회사의 적은 내가 만드는 것이 아니라 주변 환경 때문에 만들어질 수 있다. 조직이 성장할수록 라인이 형성되고 그 라인에 따라 시기와 질투가 만들어지는 것이다. 내가 아무리 홀로 당당하게 직장생활을 하려고 해도 조직 내 라인은 많은 사람이 얽히고설키면서 자연스럽게 만들어지고, 의도하지 않게 내가 그 중심에 서 있게 될 수도 있다. 지금은 한없이 좋은 동료가 나중에는 의도하지 않은 그 라인 때문에 서로를 공격하거나 상처를 주는 사람이 될 수도 있다. 혼자만의 비밀을 간직하라는 것이 아니다. 다만 혼자만 알아야 하는 것을 굳이 다른 사람과 공유할 필요는 없다는 것이다.

질투는 사전적 해석 그대로 "다른 사람이 잘되거나 좋은 처지에 있는 것 따위를 공연히 미워하고 깎아내리려 하는 것"이다. 열심히 일하고 성과가 좋아서 인정받는 동료의 흠을 하나하나 들춰내려 하는 사람이나, 실력으로 경쟁이 되지 않거나, 자신의 역할이 미미하다고 생각될 때 자신이 발전해서 인정을 받는 것이 아니라 동료를 깎아내리려고 하는 행위가 이에 속한다.

과도한 경쟁을 하면 오로지 승리 자체에 지나치게 집착하게 되기 때문에 옳고 그름의 판단이 흐려진다. 마치 도박판에서 승률이 조금이라도 높다고 생각되면 무리하면서 올인을 하는 심리와 비슷하다고 생각하면 된다.

간혹 상사가 동료를 더 챙겨주거나, 같이 입사한 동료 또는 후배가 자신보다 먼저 승진을 하게 되면 그것은 심리적 불안요인으로 작용하며 최후에는 열등감으로까지 진행된다. 이렇듯 직장생활을 하다 보면 경쟁 속 질투 때문에 많은 에너지를 소비되게 되는데, 어떤 경우든 적당하면 좋은 에너지원이 되지만 과하면 반드시 화를 부른다.

차선의 선택을 최선으로 만들어라

의학 드라마 〈골든타임〉에서 환자의 수술을 앞둔 의사가 검증이
덜 된 기계를 쓰면서 다음과 같은 대사를 한다.

> 나도 지금 상황에서 이 기계를 쓰는 것이 두렵다. 지금은 좋은
> 것과 나쁜 것 중에 선택하는 게 아니라, 더 나쁜 것과 덜 나쁜 것
> 중에 선택해야 하는 상황이다. 의사에게 가장 괴로운 일이지. 그
> 게 디시전decision이다.

사회생활을 하다 보면 마냥 행복한 선택만을 할 수는 없
다. 당신도 직장생활에서 항상 완벽한 상황만 주어질 것이라 생각
하지는 않을 것이다. 업무에서 추진과 문제 해결은 늘 병행되어야

한다.

　　예를 들어 선후공정이 긴밀하게 연계되어 업무가 진행되는 경우, 자재 수급문제로 선공정이 진행되지 않으면 후공정도 마냥 기다려야 하는 상황이 발생한다. 이럴 경우 선공정을 담당하고 있는 당신은 어떤 해결책을 내놓을 것인가? 모두 손 놓고 기다리는 상황을 만들어야 하나? 아니면 내가 좀 피해를 보더라도 후공정 업무가 진행될 수 있도록 여건을 만드는 것이 좋을 것인가? 여기서 만약 당신이 피해를 보고 후공정 사람들이 일을 할 수 있게 해준다면 당신은 향후 더 많은 일들로 힘들어질 것이다.

　　이 두 가지의 나쁜 상황 중 당신은 어떤 것을 선택할 것인가? 조금은 덜 나쁜 것을 선택해야 하지 않을까? 후공정이 먼저 일을 할 수 있도록 발판을 설치해준다거나, 작업 공간을 만들어주고 자리를 피해주는 것이 그 예가 될 수 있을 것이다. 이렇게 하면, 향후 필요한 자재가 도착했을 때 후공정을 하기 위해 진행한 모든 행위를 역순으로 이행해야 하는 번거로움이 있고, 또한 당신만 공정을 맞추지 못할 수 있다. 하지만 당신은 회사라는 조직의 일원으로서 기꺼이 더 나쁜 상황이 발생하지 않도록 덜 나쁜 것을 선택하는 지혜를 발휘한 것이다. 전문대졸의 입장에서 직장생활을 하다 보면 최선의 선택을 할 수 있는 기회가 대졸사원들보다 많이 주어지지 않는다. 좋은 것보다는 대부분 남들이 하기 꺼려하는 것

139

을 해야 하는 일이 발생한다. 그것이 발로 뛰는 일이든, 고객을 상대하는 일이든 말이다.

하지만 남들이 꺼리는 일을 오히려 더 기쁜 마음으로 해야 한다. 남이 꺼려한다고 해서 당신도 꺼려한다면 당신에게는 결코 중요한 일이 주어지지 않는다. 그 일을 기꺼이 열심히 하다 보면 상사에게 인정을 받게 된다. 하지만 오히려 주위 동료에게는 시기와 질투를 받을 수도 있다. 본인들이 하기 싫어서 미루어둔 그 일을 당신이 멋지게 해내는 순간 당신은 그들의 머릿속에 경쟁자 중한 명으로 추가 입력되기 때문이다. 하지만 그게 신경 쓰지 마라. 그것은 상사가 지시한 업무이며 당신은 그저 최선을 다했을 뿐이다. 그런 일이 반복되고 시간이 흐르다 보면 얼마 지나지 않아 상사와 선배 모두에게 인정받는 날이 반드시 온다. 업무든 인생이든 우리는 선택의 기로에 서 있다. 최선을 선택하는 것은 어쩌면 쉬운 일이다. 하지만 어떤 선택을 해도 문제가 생길 수밖에 없는 상황에서 최선의 노력으로 목적을 달성한다면 당신은 당신 주위 누구보다 더 성장할 것이다.

문제 공유는 신중하라

서양 명언 중 "Never tell your problems to anyone. 20 percent don't care and the other 80 percent are glad you have them"이라는 말이 있다. '당신의 문제를 다른 사람에게 이야기하지 마라. 20퍼센트는 상관도 안 하고 80퍼센트는 당신이 힘들어하는 문제가 있다는 것을 기뻐한다'라는 뜻이다. 충격적인 동시에 엄청나게 공감이 가는 말이다. 당신은 주위의 어떤 이가 당면한 문제에 대해 힘들어하거나 해결하지 못하고 있을 때 과연 적극적으로 도와준 적이 있는가? 혹은 들어도 못 들은 척, 알고도 모른 척하지는 않았는가? 또는 힘든 그 사람에게 더 큰 상처를 주지는 않았는가?

회사생활을 하면서 간혹 듣는 이야기가 있다. '괜히 발을 담그면 너도 큰일 나니 애초에 신경을 쓰지 마라.' 괜히 오지랖 넓게 신경 쓰다가 오히려 큰일을 당할 수 있다는 이야기다.

연말 승진철이 되면 누구는 승진을 하고 또 누구는 승진을 하지 못하고 누락된다. 이때 축하 전화를 받는 모습은 흔히 볼 수 있지만, 승진에서 누락된 사람에게는 위로 전화가 가지 않는다. 또 승진자를 위한 축하 파티는 있지만 승진 누락자에 대한 공식적인 위로의 시간은 없다. 상황에 따라 조직에 따라 그 반대 경우도 있겠지만 대부분의 조직에서는 위로보다 축하 자리가 우선된다. 그럼에도 개중에는 눈치 없이 승진이 누락된 사람이 있는 곳에서 큰 소리로 웃으면서 승진자를 축하하는 사람이 종종 있다. '김 과장 열심히 하더니 과장으로 승진했네! 승진할 줄 알았다니까!' 그럼 누락된 홍 대리는 열심히 하지 않아 승진에서 누락된 것이라는 말인가?

경쟁이 치열한 사회에서 사람들은 자신보다 만만하거나 약해 보이는 사람에게 상처가 되는 말을 쉽게 하는 경향이 있다. 반대로 강자에게는 굽실거리고 싫은 말을 들어도 내색하지 못한다. 그런데 정말 씁쓸한 것은 약자에게 상처를 주는 사람도, 강자에게 굽실거리는 사람도 모두 동일인이라는 것이다. 약자의 상처는 외면하고 강자 앞에서 한없이 작아지는 모습을 보고, 혹자는 아부를 한다고 하고, 혹자는 사회생활을 잘한다고도 한다.

하지만 진짜 용감한 사람이라면 강자의 실수나 잘못된 점에 대해서는 직언을 하고, 약자에게는 도움을 주고 성과를 나눌 것이다. 누구나 그게 옳다는 건 알고 있다. 하지만 막상 현실과 맞닥뜨리면 행동으로 옮기기는 힘들다. "모난 놈이 정 맞는다", "괜히 긁어 부스럼 만들지 마라"라는 말이 있다. 부하 직원은 용기를 내 상사에게 조직의 문제점에 대해 직언을 한 것이지만, 이를 들은 상사는 '지금 조직에 문제가 있으니 조직의 장인 당신이 더욱 노력해야 한다'는 취지로 받아들일 수도 있다. 그렇게 되면 그 부하 직원은 건방진 녀석으로 낙인찍힐 수도 있다. 당신이 직접 해결할 수 없는 조직의 문제, 타인이 결코 도움을 주지 않는 당신의 문제에 대해 다른 사람에게 이야기할 필요는 없다. 한순간의 감정으로 당신의 약점이 노출된 이후부터는 그 약점에서 결코 자유로울 수 없다.

지금 회사생활에 문제를 느낀다면 당신 스스로 이를 극복할 수 있는 방법을 모색해 정답을 찾아야 한다. 당신의 일에 신경 쓰지 않는 20퍼센트와 당신의 불행을 기뻐할 80퍼센트의 사람들과 당신의 문제를 공유할 필요는 없는 것이다.

투명한 경쟁을 유도하라

대한민국 헌법은 제11조 1항에서 "모든 국민은 법 아래 평등하다. 누구든지 성별, 종교 또는 사회적 신분에 의하여 정치적·경제적·사회적·문화적 생활의 모든 영역에서 차별되지 않는다"고 규정하고 있다. 하지만 'Life is not fair. Get used to it(삶은 공평하지 않다. 그 사실에 익숙해져라)'. 이것이 진실이다. 이 말은 세계 최고의 부자 중 한 명인 빌 게이츠가 대중 앞에서 반복적으로 이야기한 대목이다.

언젠가 친구들과 농담 삼아 로열패밀리를 만나 결혼을 하려면 어떻게 해야 하는지 이야기를 한 적이 있다. 우리는 보통 버스, 지하철, 택시 등의 대중교통을 이용하는데 그들은 집에서 목적지까지 기사가 운전하는 자가용을 이용하기 때문에 일단 만남

의 기회조차 없다는 결론에 도달했다. 그래서 드라마에서는 주로 파리나 프라하 등 외국에서 우연히 만나게 되는 모양이다. 어쨌든 서로 다른 부모에게서 태어나듯 우리는 모두 태어나면서부터 주어진 조건이 서로 다르다.

열심히 노력하면 인생이 달라질 수 있다는 것은 맞는 말이다. 하지만 출발선이 다르면 노력의 정도도 달라져야 한다. 어떤 사람에게는 약간의 노력으로도 충분하지만 어떤 사람에게는 목숨을 다해 죽을 정도로 노력해야 충분하다. 우리의 경쟁은 공평한 것이 아니다. 나는 빈손으로 세상에 나왔는데 소위 말하는 은수저를 물고 태어난 상대나, 금수저를 물고 태어난 상대와 함께 경쟁을 해야 하는 게 이 세상이다. 이 사회가 굴러가는 가장 큰 이유는 각기 다른 모습의 사람들이 서로 끊임없이 경쟁을 하고 있기 때문은 아닐까?

단군신화 중 웅녀의 탄생 설화는 모두 알 것이다. 곰과 호랑이가 굴에서 살며 환웅에게 인간이 되게 해달라고 빌기를 수차례, 환웅은 쑥과 마늘을 주며 "너희들이 이것을 먹고 100일 동안 햇빛을 보지 않으면 꼭 사람이 될 것"이라고 한다. 하지만 호랑이는 참지 못하고 굴 밖으로 나오게 되고 굴속에서 묵묵히 인내한 곰은 웅녀가 되었다는 이야기 말이다.

이 설화는 단순하지만 우리에게 교훈을 주는 대목이 있

다. 이 이야기는 자신과의 싸움에서 이기는 사람은 자신이 원하는 바를 이룰 수 있다는 것을 알려준다. 그리고 바라는 것 외에 더 기쁜 일이 생겨날 수 있다는 교훈도 우리에게 준다.

내가 직장생활을 하면서 가장 우선시했던 것은 타인과의 경쟁이 아닌 나 자신과의 경쟁이었다. 나보다 조건이 나아 보이는 사람들과 나를 비교하고, 그들과 경쟁해 앞서야 한다고 생각하면 지레 포기하게 된다. 그렇기 때문에 지레 포기하지 않기 위해서 몇 가지 철칙을 세우고 지키기 위해 나는 노력한다. 그 키워드는 '덮지 말자'다. '어렵다고 덮지 말자', '힘들다고 덮지 말자', '귀찮다고 덮지 말자', '불가능하다고 덮지 말자!' 최소한 협력사 사원들이 나에게 부탁한 내용은 덮지 않으려고 노력했고, 협력사에 꼭 필요한 사항이라면 덮지 않으려고 노력했다.

한때 선풍적인 인기를 끌었던 오디션 프로그램 중 〈슈퍼스타 K〉가 있다. 이 프로그램은 의외로 단순하면서도 '국민이 참여하는 투명한 경쟁'이라는 요소를 프로그램에 넣음으로써 신선함과 신뢰를 더했다고 볼 수 있다. 선의의 경쟁을 통해 참여자 각자가 성장하는 모습이 고스란히 방송에 노출되고, 출연자의 출신, 실력, 생각이 노출된 상태에서 국민은 자신이 선호하는 음악적 색깔과 호감이 가는 인물에게 투표한다. 거기에 우승자 결정시 심사위원들의 점수를 시청자 투표로 얼마든지 뒤집을 수 있다는 게 〈슈

퍼스타 K)의 매력이다. 우리의 사회에서 경쟁은 당연한 것이 되었지만 그 무엇도 '덮지 않고' 자신과 투명한 경쟁을 한다면, 자신을 지키며 살아남는 법을 깨닫게 될 것이다.

자신과
경쟁하라

전문대졸이라는 핸디캡에, 내
가 잘하고 있는 것은 맞는지, 옳은 길을 가고 있는 것인지 많은 생각
이 내 머리를 스친다. 하지만 절대로 두려워하지 마라! 세상의 선입견
에서 비롯된 당신의 느낌은 당신이 이 사회를 살아가면서 느껴야 하
는 많은 불편한 진실의 시작일 뿐이다. 더욱 당당해져야 한다. 그 시
선들 때문에 당신이 피하거나 스스로 주눅 든다면 당신은 어떤 일을
하든 매사에 자신감을 잃어버릴 수 있다. 그렇게 되면 상사는 당신이
작성한 문서만 유독 꼼꼼히 체크할 수도 있고, 상사가 손으로 적어준
내용들을 받아서 타이핑하는 신세로 전락할 수도 있다. 당신이 지금
그곳에 있는 이유는 그저 주눅 든 채 직장생활을 하기 위해서가 아니
다. 설사 작은 실수가 있더라도 당당해야 한다. 모르는 게 있으면 무
슨 수를 써서라도 악착같이 배워야 한다. 요즘은 웬만한 것은 인터넷
포털사이트에서 다 찾을 수 있다. 그렇게 공개된 정보가 아니라면 선
배에게 물어서라도 알아야 한다.

"창조적인 사람은 경쟁을 하지 않는다"고 한다. 창조적인 사
람은 자신의 내면에 부족한 것을 조금씩 채워나가 언젠가 완성된 자
아를 형성하는 사람일 것이다. 반대로 경쟁하는 사람은 끊임없는 목
표 아래 상대의 상황을 체크하며 쫓기듯 살 수밖에 없다.

먼저 자신 내면의 부족한 점을 인지하고 조금씩 조금씩 채워

나간다면 누군가와 경쟁하는 삶이 아니라 상대방이 자신을 보고 경쟁하려 하는 그런 삶, 내가 쫓기는 것이 아니라 상대방이 쫓기듯 자신과 경쟁하는 모습을 만들어갈 수 있다. 그런 삶은 여유가 있을 것이고, 실수가 줄어드는 삶일 것이다.

　　전문대졸이라는 이유로 크게 기대하지 않던 주변 시선들도 '저 친구는 전문대졸인데도 4년제 대학을 나온 친구들보다 능력이 뛰어나고 업무 자세가 훨씬 더 좋아!'라는 평판으로 바뀌게 될 것이다.

　　결코 두려워할 필요가 없다. 다만 현재 상황에서 어떻게 생활해야 하고 무엇을 먼저 해야 하는지 생각하고 실행에 옮기면 그것으로 충분하다.

대졸,
당신들은
임원이다

함께 길을 걷기————————

초등학교, 중학교, 고등학교, 대학교 최소 16년간 쉼 없이 달려온 당신에게 박수를 보낸다. 4년제 대학 졸업생인 당신은 직장생활을 통해 꿈을 실현할 가능성이 가장 높은 사람이다. 그러나 쉼 없이 지내온 습관 때문에 조급한 마음으로 직장생활을 한다면 어렵게 입사한 회사에서 자칫 정말 소중한 것이 무엇인지 잊게 될 수도 있다.

우선 한 템포 늦추고 집착하지 말고 집중해보는 것은 어떨까? 선배에게 집중하고, 동료에게 집중하고, 일에 집중하고, 특히 후배에게 집중하는 시간을 갖는 것이다. 이런 시간이 사회인으로서 당신을 완성하는 데 밑거름이 될 것이다.

대졸들의 직장생활은 후배와 함께 미래를 그려나가는 것이다. 언젠가는 임원이 되고 언젠가는 대표이사가 될 확률이 높은 당신이 과연 임원이 되었을 때 그리고 대표이사가 되었을 때 누구와 같이 성과를 나눌 것인가? 자신이 결정권자가 되면 믿고 일을 맡길 후배가 있어야 하고 자유롭게 토론하고 의견을 교환할 수 있는 전문가도 주변에 있어야 한다. 그런 좋은 동료와 후배가 옆에 있다는 것은 선택과 집중을 할 때 자유로울 수 있다는 말이다.

미래에 선택과 집중에서 자유롭고 싶다면, 입사 후 자신이 후배라고 부를 대상이 생겼을 때 함께 미래를 설계하고 걸어갈 수 있는 마인드를 키워야 한다.

경영자의 머리로 생각하라

누구는 꿈속에서만 가능하지만 당신은 현실에서 대표이사를 만날 수 있다. 어떤 사람은 입사를 하는 즉시 내가 대표이사 될 일은 없다고 생각하고, 또 어떤 사람은 몇 개월의 회사생활을 통해서 자신이 대표이사가 될 일은 없을 것이라 자연스레 알게 된다. 하지만 대졸로 갓 입사한 당신이 대표이사가 될 확률은 100퍼센트다. 지금의 열정, 지금의 마인드, 지금의 생각, 지금의 행동, 그것만 수십 년간 유지할 수 있다면 말이다. 하지만 시간이 지나면서 열정이 식어버리고 지금과는 다른 생각이 내 몸을 지배하고 다른 행동을 한다면 그 확률은 90퍼센트, 80퍼센트로 점점 줄어들게 된다. 대기업에서 고졸 또는 전문대졸 출신이 대표이사로 승진한다면 그것은 지금도 언론에 대서특필될 일이다. 창업자를 제외하

고 전문경영인이 대표가 되는 사례는 무척 드물다. 반면 대졸자가 대표이사가 되었다고 그 자체가 이슈가 되지는 않는다. 이 사회에서 그것은 너무나 당연한 일이니까.

대졸 신입사원으로 회사에 입사했다면 일단 임원이 될 확률은 고졸이나 전문대졸 신입사원보다 훨씬 높다. 동기 모임에서 같이 먹고, 마시고, 떠들고 있는 친구들 중 누군가는 반드시 임원의 자리까지 오를 것이다. 하지만 분명히 그 동기 임원의 부하 직원으로서 부장 내지는 차장의 업무를 하면서 회사생활을 마쳐야 하는 사람도 있다. 그 동기 임원이 당신을 '김 부장! 이 차상!'이라고 부르고 당신은 그 동기에게 '예! 이사님'이라고 대답을 해야 한다.

대졸 신입사원인 당신은 어떻게 보면 회사에서 제일 좋은 조건에서 업무를 시작하는 것이다. 당신이 부장 혹은 차장에서 정년을 맞이하지 않고 임원이 되기 위해서는 어떻게 해야 할까? 사실 잠깐이라도 회사생활을 해보면 모두 그 답을 알게 된다. 다만 그것을 누가 끝까지 버텨내며 실행에 옮기느냐에 달려 있다. 비록 사무실에서 가장 막내이지만 내가 임원이라는 마음가짐으로 회사생활을 하고 임원처럼 사물을 바라보고 행동한다면 분명 길이 있다.

이것이 바로 많은 사람이 쉽게 이야기하는 '경영자의 머리로 생각하자'다. 경영자의 머리로 사물을 바라보면 현재의 나의 위치를 정확하게 이해할 수 있을 것이다. 내가 할 수 있는 것과 할 수 없는 것을 알고 있는지, 내가 해야 하는 것과 하지 말아야 할 것을 알고 있는지, 현장 및 고객 대응에 있어 소위 내가 밥값을 하고 있는지 말이다.

지금은 그저 선배들에게 일을 배우고 회사의 규율을 습득하고 사람들과 인사를 하면서 회사의 룰에 적응해가겠지만 회사에서는 당신의 능력치를 올리기 위해 많은 노력을 하고 있는 것이 분명하며, 그 가치를 실력으로 증명하는 누군가는 분명 다른 평가를 받을 것이다.

예를 들어 경영자들은 신입사원들에게 많은 교육을 제공함으로써 그들의 가치를 높이려 한다. 100원을 투자해 교육을 시키면 당장은 아니더라도 언젠가 100원 이상의 가치를 창출하는 직원으로 성장할 것이라 기대한다. 경영자들이 200원의 가치를 창출하는 직원과 150원의 가치를 창출하는 직원 중 누구에게 향후 더 많은 기회를 줄 것인지는 말하지 않아도 분명하다.

큰 것만큼 작은 것도 중요하다

사람이 넘어질 때 산처럼 큰 바위에 걸려 넘어지는 경우는 없다. 눈에 별로 띄지 않는 작은 돌부리에 발이 걸려 넘어진다. 비근한 예로, 큰 잘못보다 사소한 실수나 구설로 고초를 겪는 후보자를 선거철에 많이 보게 된다. 특히 그렇게 당당하던 사람들이 부인이나 자녀들의 잘못으로 국민 앞에 머리를 숙이는 광경을 자주 본다. 회사에서도 마찬가지다. 나의 작은 행동이나 말실수가 향후 당신의 회사생활이 대전환의 변곡점을 맞는 순간에 갑자기 등장해 마이너스 요인으로 작용할 수 있다. '이 정도는 해도 되겠지. 내가 이렇게 행동한 것은 아무도 모르겠지. 이런 비밀은 서로가 지켜주겠지.' 천만의 말씀이다. 사극을 보면 '궁궐 벽에는 귀가 있다'는 대사가 자주 나온다. 회사도 마찬가지다. 사무실 벽에는 눈과 귀가 달려 있다. 지금 범하고 있는 작은 실수들은 향후 성공의 가도를 달릴 때 작은 돌부리가 되어 내 발밑을 맴돌게 된다.

중국 고전의 명언에도 이와 비슷한 이야기가 있다. 인막퇴어산 이퇴어질人莫蹶於山 而蹶於垤(사람은 산에 걸려 넘어지지 않고 개밋둑에 걸려 넘어진다). 우리가 평소 길을 걸을 때 하찮게 생각하는 개밋둑이 당신을 위기로 몰아넣거나, 당신을 위기 상황에서 더욱 어두운 곳으로 당신을 밀어넣을 수 있다는 것이다.

드라마 〈미생〉 10회에서는 박 과장(김희원 분)의 비리를 고발하는 영업3팀의 이야기가 나온다. 줄거리는 대략 이렇다. 과거 요르단 프로젝트를 성공적으로 이끌고 회사에 막대한 이익을 안겨주었지만, 자신이 일한 성과에 대한 보상을 제대로 받지 않았다고 생각한 박 과장은, 보상의 의미로 거래처와 뒷거래를 한다. 회사가 잘되어야 나도 잘된다고 생각하던 순수했던 시절, 자의반 타의반으로 시작한 거래처와의 뒷거래는 요르단 현지에 친·인척을 동원한 페이퍼컴퍼니를 설립해 노골적으로 회사의 돈을 횡령하기에 이른다. 처음 박 과장에게 거래처의 작은 뒷돈은 '이쯤이야 내가 고생한 것에 대한 보상 차원'이라고 합리화할 수 있었지만 그 작은 시작이 나중에는 통제할 수 없는 수준이 된다.

직장생활에서 이해관계자들과의 관계를 소홀히 하라는 이야기가 아니다. 회사 일을 하다 보면 처음에는 회사라는 매개체

를 통해 연결이 된 고객이 어느 순간 당신을 믿고 거래를 하는 순간이 생길 것이다. 이런 일은 대부분 거래와 함께 개인적인 친분이 쌓이면서 생긴다. 하지만 그 친분이 어디까지나 공적 친분이라는 걸 망각하는 순간, '괜찮겠지'라는 그 한순간의 마음에서 작은 실수가 생긴다.

무조건 피하라, 무조건 하지 마라, 그런 말이 아니다. 옳고 그름 속에서 서로 믿고 거래할 수 있는 진정한 파트너가 되는 방법이 무엇인지 고민할 필요가 있다는 말이다.

언젠가 나이 지긋한 회사 선배가 하신 말씀이 기억난다. 신입사원 시절에는 멋모르고 선배들을 따라다니면서 선배들이 하는 실수를 그대로 따라할 수 있다. 그러나 그걸 쉽게 보면 안 된다. 어쩌면 그것이 잘못된 길로 들어서는 첫걸음이 될 수도 있고, 설사 그렇지 않더라도 그 자리에 함께 있었다는 이유만으로 본인에게 오점으로 남을 수 있다는 말씀이었다. 당신이 누군가의 선배라면 후배를 위해 실수하는 모습을 보이지 말아야 할 것이며, 당신이 누군가의 후배라면 선배의 실수를 따뜻하게 감싸주되 선배가 걸어간 길을 따라가지 않도록 자신의 행동을 냉정하게 평가해야할 것이다. 내 주변이나 우리 주변에 어떠한 위험 인자가 존재할때, 그것이 제거의 대상인지 피해야 할 대상인지 우리 스스로가 더잘 알고 있을 것이다. 사람은 결코 큰 산에 걸려 넘어지지 않는다.

어떤 선배가 되고 싶은가?

임원들은 항상 개선 활동과 혁신 활동에 대해 많은 생각을 한다.
어떻게 하면 좀더 쉬운 방법, 효율적인 방법으로 일을 할 수 있을
까? 어떻게 하면 조직원에게 동기를 부여하고 한 방향으로 이끌수
있을까? 그뿐만 아니라 어떻게 하면 직원들이 열심히 일할 수 있
는 환경을 만들어줄 수 있을까를 고민한다. 그들에게는 내가 아닌
타인(부하 직원)이 어떻게 하면 지금보다 더 편하게 일할 수 있을
까 생각하고, 개개인이 가진 열정을 끌어내고 북돋우기 위해 노력
해야 할 의무가 있다. 개개인의 열정이 리더와 공감대를 형성하고
한 방향으로 뜻을 모으게 되면 큰 시너지를 창출하게 되는 것이
조직이다. 한 명이 빛나는 업적을 만들어내는 것보다 팀원들이 서
로 도우면서 일을 하고 성과를 만들어낼 수 있도록 고민하는 것이

리더의 역할인 것이다. 또 팀원들이 각각의 역할 속에서 서로 위로하고 배려하면서 지낼 수 있도록 조직문화를 만들어나가는 것 또한 임원이 해야 할 일들이다. 바꾸어 말하면 4년제 대학을 졸업한 신입사원인 당신이 임원이 되기 위해서 감내해야 할 일들인 것이다.

자, 이제 당신이 임원이라면 회사를 위해 무엇을 하겠는가? 당장 현장에 있는 사원들이 어떻게 하면 편하게 일할 수 있을지 아직은 잘 알지 못한다. 또 시간이 흘러 개선 아이디어가 생기고 바꾸고 싶은 생각이 들어도 바로 현실로 옮기기는 힘들다. 하지만 당신은 신입사원일 때부터 그런 현장의 목소리에 귀 기울이고 그 살아 있는 느낌을 정확하게 알기 위해 많이 노력해야 한다. 가장 중요한 것은 훗날 임원이 되었을 때 지금 배우고 느낀 이 감정을 기억해야 한다. 그래야 개선도 가능하고 변화도 가능하다.

언젠가는 당신의 후배 사원이 입사하게 될 것이다. 그때부터 당신은 그 후배 사원에게 지금까지 쌓아온 노하우를 전수해야 한다. 제일 먼저 직장인으로서 그 후배에게 먼저 가르쳐야 할 것은 무엇이며, 후배에게 도움이 되는 것은 무엇인지 질문해야 한다.

당신은 무엇을 가르치는 선배가 되고 싶은가? 만약 누가 나에게 후배에게 무엇을 전하고 싶으냐고 묻는다면 '올바른 가치관과 신념'이라고 말하고 싶다. 내 바람은 그렇게 가치관을 공유해서 아무리 어려운 일이 있어도 솔직하게 이야기하고 도움을 구할 수 있는 선배가 되는 것이다. 적어도 나 때문에 후배가 마음고생을 하지는 않았으면 좋겠다. 하루 정도는 어떤 선배가 되고 싶은지 생각해보자. 언젠가는 선배가 된다.

선제적으로 고민하라

흔히들 현장에 답이 있다고 이야기한다. 맞다. 현장에는 틀림없이 답이 있다. 하지만 현장이 조그마한 슈퍼마켓도 아니고 어떻게 현장을 일일이 다 찾아다니면서 답을 찾을 수 있다는 말인가? 그렇다고 답이 손을 흔들고 서 있는 것도 아니고……. 결국 아무리 현장을 쏘다녀도 혼자서는 절대로 답을 찾을 수 없다. 방법은 의외로 간단하다. 현장의 답을 잘 알 것 같은 사람을 찾아가 진솔하게 묻고 허심탄회하게 이야기를 들으면 된다. 하지만 모든 사람이 나에게 자기가 가진 모든 생각과 노하우를 한꺼번에 털어놓지는 않는다. 그래서 가장 중요한 것은 기본적인 신뢰관계를 형성하는 것이다. 항상 열린 자세로 경청을 하고 저 친구라면 이야기해도 된다는 믿음을 주어야 한다.

〈알렉산더〉라는 영화를 보면 젊은 알렉산더 왕이 원탁 테이블이 아닌 본인이 기거하는 공간에서 여러 신하와 허심탄회하게 국가의 중요 결정 사항에 대해 의견을 조율하는 장면이 나온다. 나는 소통은 바로 이런 것이 아닌가 생각한다.

회사에서도 소통을 강조한다. 하지만 정해진 시간, 정해진 절차, 지금까지 하던 방법을 그대로 고수하면서 소통이 이루어지기만을 강요할 때 과연 본래적 의미의 소통이 이루어질까? 통상적으로 소통의 자리 말미에는 '당부 말씀'이라는 명칭으로 최상급자의 의견이 반영된다. 여기서는 '당신들의 이야기를 잘 들었지만 그 생각은 옳지 않으며, 나의 생각은 이렇다. 당신들도 이렇게 생각해야만 발전할 수 있다'는 뉘앙스의 이야기를 듣기 십상이다.

소통은 현장과 함께 숨 쉬며 그 속에 녹아들어 현장의 이야기를 듣는 것이고, 그것을 통해 결과를 찾아가는 일련의 과정이다. 또한 소통은 자신의 잘못을 뒤돌아볼 수 있는 계기를 주기도 한다. 진정한 소통은 회사나 우리의 단점들이 들춰지고 그것을 인정하는 순간부터 시작된다고 나는 생각한다. 현장에서 찾아야 하는 답이 풀기 어려운 것이더라도, 그 문제풀이를 위해서 또 다른 문제가 생긴다고 하더라도 이미 발을 들여놓았다면 반드시 그 답을 찾아야 한다. 그리고 이 때 필요한 것이 소통이다.

그런데 현장에는 과연 답만 있을까? 현장에 답이 있다는

말은 곧 현장에 무수한 문제점이 있다는 뜻이기도 하다. 세계적인 기업들이 식스시그마 기법을 도입해 생산 프로세스를 혁신하고 불량률을 최소화하기 위해 노력하는 이유는, 제품화된 상태에서 불량을 개선하면 천문학적인 금액을 부담해야 되기 때문이다.

삼성전자 신新경영의 성공 비결은 배수의 진 전략이었다고 한다. 당시 이건희 회장이 회사가 더는 물러설 수 없는 상황에 처해 있다고 판단하여 실행한 전략이 배수의 진 전략이었다. 그 배수의 진 전략은 공장 가동 중에도 불량이 발견되면 즉각 라인을 중단시키고 그 문제를 해결한 후 공장을 재가동시키는 것이었다. 1993년 당시 삼성전자는 불량률이 높아 3만 명이 제품을 만들고 6,000명이 불량 제품을 고치는 비정상적인 상황이었다. 불량률은 일본의 선진 기업 대비 3.3배나 높았다. 그 당시 삼성전자 경영진들은 생산라인이 스톱되면 생산량이 감소해 회사가 망할 수 있다고 극구 만류했다. 그러나 이건희 회장은 "나는 지금 수준의 불량률이라면 회사가 망한다고 생각한다. 여러분은 생산라인을 중단시키면 회사가 망한다고 생각한다. 이리 망하나 저리 망하나 망하는 것은 마찬가지 아닌가?"라고 말하며 라인을 중단시키라고 지시했다. 그 결과 삼성전자의 불량률은 1년 만에 50퍼센트나 감소되었다.

답을 찾기 전에 문제점을 먼저 찾으면 문제가 발생되고 답을 찾는데 허비되는 시간을 아낄 수 있다. 현장에서는 누구나 시간만 주어진다면 답을 찾을 수 있다. 하지만 진정으로 임원이 되기를 꿈꾼다면 답을 찾기 이전에, 문제점이 무엇이며 문제가 일어나지 않기 위해 어떻게 해야 할지 선제적으로 고민하는 자세가 필요하다.

실천하는 3퍼센트가 되어라

한 유명한 보험 판매왕은 일주일에 몇 번, 자신의 노하우를 동료와 후배에게 전수하기 위해 강연을 한다. 강연장은 미래의 판매왕을 꿈꾸는 사람들로 인산인해를 이룬다. 그러나 강연을 듣는 청중들은 항상 의심을 한다고 한다. '과연 우리에게 자신의 노하우를 다 가르쳐 주겠어? 우리가 부모형제도 아닌데 바보가 아닌 이상 중요한 핵심을 알려주지는 않을 거야. 노하우를 가르쳐주면 자신의 밥줄이 끊기는데 말이지. 내가 중요하다고 생각되는 것만 골라서 듣자' 등의 태도다. 그 많은 사람이 모두 노하우를 전수받지만 그들 중에 보험 판매왕이 되는 사람은 극히 드물다. 보험 판매왕은 자신의 경험과 노하우를 설명함에 있어 한 치의 거짓도 없으며, 하나의 과장도 축소도 왜곡도 없다고 말한다. "저는 강연 때마

다 항상 저의 노하우를 모두 알려드립니다. 그런데 그것을 당장 실천하는 사람은 20퍼센트가 되지 않습니다. 그런데 그 실천을 지속해나가는 사람은 그 20퍼센트의 20퍼센트도 채 되지 않습니다. 즉 대략 3퍼센트의 사람들만이 저의 말을 경청하고 또 지속적으로 실천합니다. 3퍼센트 정도의 경쟁자라면 저에게 큰 위협이 되지 않습니다." 3퍼센트. 어쩌면 성공은 굉장히 쉬운 일일지도 모른다. 들은 것을 실천하고, 배운 것을 실행에 옮기고 또 나에게 맞게 조금씩만 업그레이드해나가면 된다.

지금 당신 주위를 둘러보라. 사장님이 보이는가? 임원이 보이는가? 그 사람들은 성공을 위해 듣거나 배운 것을 실천한 3퍼센트의 사람들이다. 그 3퍼센트를 제외한 97퍼센트는 무엇을 하고자 하는 갈망은 있지만 그 꿈을 지속하지 못하고 주위만 헛도는 사람들이다. 헬스클럽에서 운동을 하기 위해 운동화와 운동복을 산 당신. 지금 그 운동복은 어디에 있나? 주말마다 자전거를 타기 위해 값비싼 자전거를 산 당신. 제대로 된 라이딩 한번 해보지 못하고 중고로 처분하고 고글과 자전거 헬멧만 집에 방치하고 있지는 않은가?

장사가 잘되던 식당이 어느 순간 맛이 조금 변했다는 생각이 들 때, 우리는 흔히들 '초심을 잃었다. 돈을 버니까 이제는 사장이 가게에 나와 보지도 않는다'라고 이야기하지 않았나? 우리는

그렇게 자신도 모르는 사이 97퍼센트의 삶에 점점 더 익숙해져가고 있다.

그럼 3퍼센트가 되기 위해서는 어떻게 해야 하는가? 실천이 습관이 되고 자연스럽게 나의 일상이 되어야 한다. 영화 〈빅매치〉에는 불굴의 격투기 파이터 익호가 등장한다. 익호는 아침에 눈을 뜨면 냉장고에서 배즙을 마시고 조깅으로 하루를 시작한다. 이것은 익호가 억지로 의도해 행동한 것이 아니다. 물론 처음에는 이를 악물고 노력을 했겠지만, 지금은 그저 아주 자연스러운 익호의 일상이 되어버린 것이다.

많은 사람이 내·외부적인 자극을 받아 '그래, 오늘부터 해보자!'라고 결심을 하지만, 그 결심은 통상 7일 혹은 10일을 넘기기가 힘들다고 한다. 오죽하면 작심삼일이라는 말이 있겠는가? 하루 이틀 나의 결심이 흐려질 때 처음에는 스스로에게 실망을 하겠지만, 이내 하지 않아도 되는 명확한 이유 몇 가지를 생각해내고 마음의 위안을 얻는다. 실천이 습관이 되기 위해서는 3일, 7일, 10일, 30일을 해야 하는 것이 아니다. 적어도 100일은 버텨야 한다. 그래야 습관이 되었다는 말을 붙일 수가 있다. '내가 이것을 왜 하고 있을까? 주위를 둘러봐도 아무도 나처럼 이런 무모한 도전(실천)을 하지는 않아'라고 하는 목소리를 따르는 순간 우리는 그저 97퍼센트의 삶을 살게 되는 것이다.

성공과 실패에는 시기와 환경적 요인, 즉 운이 따라야 한다고 말하는 사람도 많다. 물론 맞는 말일 수도 있지만 나는 정답은 아니라고 생각한다. 운으로 성공한 사람과 3퍼센트에 속해 성공한 사람 모두 언젠가는 그들 앞에 위기라는 것이 찾아올 것이다. '위기가 곧 기회'라고 말하기도 하지만, 이것이 운으로 성공한 사람에게도 적용되는 말은 아니다.

경남 진해에 조선소를 계열사로 둔 잘 나가는 기업이 있었다. 그 회사는 2005년경부터 세계경제 호황기에 편승해 하루가 다르게 성장했다. 2005년 당시 중국과 유럽의 물동량이 증가하면서 컨테이너선의 수주가 증가했고, 두바이유 가격은 100달러 가량까지 치솟으면서 원유운반선 및 해양시추설비의 수요가 폭발적으로 늘어났다. 조선과 해양플랜트 관련 회사에 주문이 밀려들었고, 돈이 되는 배만 수주하는 소위 '선별 수주'를 하는 호시절이 이어졌다. 이런 세계경제의 흐름을 잘 읽은 그 기업의 경영자는 조선소뿐만 아니라 엔진·해운·건설 부분까지 무섭게 사업을 확장했지만, 2008년 미국의 서브프라임 모지기론 사태로 촉발된 미국과 유럽의 금융 위기 앞에서 지속 성장의 DNA가 부족했던 그 회사는 무릎을 꿇었다. 만약 그 회사가 3퍼센트에 속하는 DNA를 가진 기업이었다면 2008년 글로벌 금융 위기 앞에서도 군건했을 것으로 생각한다. 운이야 있을 수도 있고 없을 수도 있

지만, 그와 무관하게 기업이든 사람이든 끊임없는 노력으로 3퍼센트에 속하는 그런 사람이 되어야 위기 앞에서 의연해질 수 있음을 이 일화는 보여준다.

후배들과 함께 미래를 설계하라

흔히 상사에게 잘 보여야 좋은 평가를 받고 진급에도 유리할 것이라 생각한다. 물론 맞는 말이다. 지금 당장은 상사와의 유대관계가 후배와의 유대관계보다 훨씬 중요하다고 생각할 수 있겠지만, 미래를 설계하는 데 있어서는 상사만큼 후배들의 도움이 중요하다. 조직은 개인이 일을 하는 곳이 아니다. 학교생활에서 성적은 철저히 개인의 성과다. 하지만 회사에서의 성과는 협업의 결과다. 결국 좋은 평가를 받기 위해서는 맡은 업무를 문제없이 완수해야 한다. 많은 업무를 수행하기 위해서는 후배의 도움이 절실하기 때문이다. 어떤 일을 진행하면서 기안, 실행, 평가, 피드백 그리고 사소한 자료 취합까지 모두 혼자 하기에는 시간이 너무 많이 걸린다. 기한 내에 다 잘할 수는 없다. 또 그런 일을 하나만 하는 것이

아니라, 통상 서너 개의 프로젝트를 동시에 진행하기 때문에 시간과 업무 배분이 중요하다. 그래서 팀원과의 협업이 무엇보다 중요하다.

후배가 생각하기에 별로 좋지 않은 선배(평소에 도움을 주지 않는 선배)인데도, 선배라는 지위를 이용해서 후배에게 자신의 일을 마구 맡기는 경우가 있다. 그럴 때는 십중팔구 그 업무에서 중요하고 공적이 될 만한 사안은 선배인 본인이 직접 하면서, 자료나 정보를 취합하고 손이 많이 가는 업무는 후배에게 시킨다. 그 고생의 결과를 토대로 선배는 최종보고서를 작성하는데, 최종보고서에는 눈 씻고 찾아봐도 함께 도와준 후배의 이름은 찾아볼 수 없다. 이런 상황은 실제로 흔하게 일어나는 일이다. 드라마 〈미생〉에 이런 에피소드가 나온다.

섬유팀의 성 대리는 한석율(변요한 분)의 직속상관이다. 성 대리에게 후배는 자신의 봉이자 막 써먹기 위한 존재에 불과하다. 후배에게 밤샘 야근을 시키고 그 공은 성 대리 본인이 가져가고 심지어 후배를 불러 술값까지 계산하게 한다. 이렇게 누가 봐도 주먹을 불끈 움켜쥐게 하는 얄미운 성 대리지만 뛰어난 업무 성과로 상사들에게는 인정을 받는다. 하지만 우리 중 누군가는 자신도 모르는 사이 성 대리와 같은 선배가 될지도 모른다. 후배의 업적을 가로채거나 후배가 해놓은 일 중 상사가 좋아할 것 같은 일을 자기 것으로 만들어 보고하는 경우도 실제로는 많이 있다. 이런 일을 당했다고 해서 너무 의기소침해하거나 좌절할 필요는 없다. 내가 나중에 좋은 선배가 되면 된다. 후배들이 누구라도 함께 업무를 하고 싶어 하는 그런 선배가 되면 된다. 직장생활의 공식적인 평가는 상사에게 받지만, 진짜 무서운 평가는 후배가 내린다. 후배를 육성하고 후배와 함께 성숙해가는데 열과 성을 다하는 그런 선배가 되길 바란다.

새로운 것에 열려 있어라

간혹 신입사원들이 문서를 만들어오면 취지도 듣지 않고 비웃는 선배가 있다. 너무 고민이 없다는 둥, 현실을 너무 모른다는 둥 하면서 말이다. 하지만 요즘 세상이 변하는 속도는 빛의 속도보다 빠르다. 과거에는 분명 쓸모없는 아이디어였는데 지금 와서 다시 적용해보면 탁월한 생각일 경우도 있다.

애플의 훌륭한 점은 기존에 전화기에 컴퓨터 기능 몇 가지를 넣어보던 방식에서 완전히 탈피에 손에 쥐어지는 작은 컴퓨터에 과감하게 전화 기능을 넣은 것이다. 그전에는 아무도 상상하지 못했던 것이다. 마치 후배의 엉뚱한 기획 안처럼 말이다. 한때 휴대폰 업계의 최강자였던 모토로라나 노키아 같은 회사들은 컴퓨터 운영체제에 전화기를 접목한 애플 아이폰에 새로운 전화기 시

장을 완전히 내어주고 역사의 뒤안길로 사라졌다.

　　남들이 하는 방식으로 성공하는 패턴은 이제 끝났다. 남들이 생각해보지 않았던 엉뚱한 아이디어가 대박을 터뜨린 사례는 무수히 많다. 가령 코닥의 몰락을 예견한 이는 아무도 없을 것이다. 코닥이 몰락한 이유는 디지털 카메라의 등장 때문이었다. 하지만 놀라운 사실은 디지털 카메라를 제일 먼저 개발한 회사가 코닥이라는 것이다. 디지털 카메라를 제일 먼저 만든 코닥이었지만 필름을 가장 중요하게 생각한 결정권자가 디지털 카메라 부문을 소홀히 한 것이다.

　　이처럼 세상의 모든 조직은 끊임없이 변화를 요구받는다. 우리는 변화가 생존과 직결되는 세상에 살고 있다. 하지만 정작 조직의 리더들이 변하지 않으려고 하는 것 같다. 변화를 위한 그림을 그리기 위해서는 기존의 그림에 나무나 사람을 덧그려서는 힘들다. 기존의 틀을 완전히 깨고 변신하기 위해서는 새로운 도화지에 그림을 그리거나 적어도 새로 그릴 부분에 흰색 물감으로 바탕을 다시 만든 후 새로운 그림을 그려야 한다.

　　라이트 형제가 하늘을 난다고 했을 때 마을사람들은 대부분 '그 형제들이 뭘 띄운다고? 정신없는 사람들이네' 하고 치부해 버렸다고 한다. 그들의 발명은 특허를 받기도 어려운 것이었다고 한다. 하지만 라이트 형제의 진정한 가치가 인정받게 된 것은 그

로부터 30년이 지난 제2차 세계대전 때였다. 그때 비행기의 발명은 놀라움을 떠나 공포의 대상이었다. 하지만 지금은 그 변화를 알아차릴 겨를도 없이 우리는 너무도 편하게 비행기를 이용하는 일상을 살고 있다.

아직도 후배 또는 신입사원의 기획 안을 나와는 다른 시각이라는 이유로 혹은 그저 만만한 존재라는 이유로 제목만 슬쩍 읽어보고 무시하고 있는 것은 아닌가? 만약 당신이 선배로서 과거의 생각에 얽매여 익숙한 선택만 고집하며 미래를 보지 않으려고 한다면 어쩌면 당신은 변화에 뒤처지는 선배로 낙인찍힐 수 있다. 지금 당신이 무시하고 집어 던진 기안서 한 장이 향후 우리 회사를 먹여 살리는 미래의 먹거리가 될 수 있다. 항상 후배들의 엉뚱한 상상에 영감을 주고 용기를 북돋아주는 선배가 되어보자. 21세기 창조형 인간은 엉뚱한 발상에서 시작된다.

후배의 마음도 알아야 한다

축구를 아주 좋아하는 상사가 있다. 그 상사는 축구를 즐길 뿐만 아니라 축구시합 후 함께 마시는 막걸리와 맥주도 아주 좋아한다. 하지만 분명 부서원 중에는 축구를 싫어하는 사람이 있을 것이고, 음주를 싫어하는 사람도 있을 것이다. 만약 부서원 10명 중 2명은 축구를 싫어하고 2명은 음주를 싫어한다고 가정한다면, 직원 중 부하 직원 40퍼센트는 상사의 행동을 이해하지 못하는 셈이다.

언젠가 상사 한 분이 나에게 이런 이야기를 한 적이 있다. "과거 20년 전에는 부서장과 저녁을 먹는 것이 영광이었다. 부서장이 부르면 약속을 모두 취소하고 언제든지 달려갈 준비를 하고 있었다." 아마도 20년 전의 이야기일 것이다. 우리가 삐삐를 쓰던 시절, 내비게이션이 없어 초행길을 갈 때면 1시간 정도는 일찍 출

발해야 했던 시절, IMF라는 단어를 국민 대부분이 모르던 시절의 이야기인 것이다.

예정에 없는 회식을 갑자기 하게 되는 경우를 상상해보자. 선배는 요즘 후배들이 고생하니 저녁이라도 챙겨줘야겠다 싶어 '삼겹살에 소주 한잔'을 퇴근 시간 30분을 앞두고 제안했다. 그런데 그중에 삼겹살을 별로 좋아하지 않는 후배가 있다면 그런 행동은 과연 부하 직원들을 위하는 행동이 맞는가? 요즘 신입사원들은 이럴 때 '죄송합니다만 선약이 있어서'라고 당당하게 이야기하는 경우도 많이 있다. 하지만 대부분 거절하지 못해 그 자리에 응하는 것이 일반적이다. 겉으로는 티를 낼 수 없지만 마음속으로는 불만이 생겨날 수 있다. 거절을 할까 살짝 고민은 해보겠지만 선배 제안을 거절하는 버릇없는 후배가 되기 싫어 따라나선다.

비슷한 경우로, 퇴근 시간 10분을 남기고 급하게 후배를 불러 내일까지 급하게 처리해야 하는 일이라고 지시를 내리고 홀연히 퇴근하는 선배도 있다. 나의 주관적인 생각으로 이런 경우는 전자에 비해 오히려 그 뜻을 좋게 해석할 수 있다. 갑자가 바쁜 업무가 주어졌는데 나에게 일을 맡기고 퇴근하는 선배는 한편으로 얄미울 수 있지만, 나를 믿는 것이라고 해석할 수 있으니 말이다. 하지만 후배 입장에서는 퇴근 시간 30분을 남기고 식사를 청하는 상사, 퇴근 시간 10분을 남기고 일을 시키는 선배 둘 다 반갑지만

은 않을 것이다.

조직에서 크든 작든 갈등 상황의 80퍼센트 이상은 선배나 상사가 만드는 것이다. 그런데 그런 갈등 상황을 가장 눈치채지 못하는 것도 선배나 상사다. 현재를 살아가는 선배나 상사들은 후배의 마음을 잘 모른다. 대졸 선배인 당신이 만약 조직 활성화를 위해 무엇을 해야 하는 위치에 있다면, 조직 상하 간의 절충점을 찾고, 가장 참여도가 높은 날짜를 잡아 공지한 후 양해를 구하는 모습을 보여야 한다.

선배가 되어 쉽게 빠지는 착각 중 하나는 후배들이 나를 좋아할 거라 선뜻 믿어버리는 것이다. 그러나 한번쯤 생각해봐야 한다. 어쩌면 후배들은 (비록 상사가 계산하는 비싼 저녁 자리라 하더라도) 상사와 함께 식사하는 것보다 차라리 혼자 먹는 저녁이 더 편할 수 있다. 바로 여러분이 신입사원이었을 때처럼 말이다.

상대방이 좋아하는 것과 내가 좋아하는 것에 대한 타협점을 찾고, 식사 자리는 서로가 부담이 되지 않도록 배려를 하면서 정해야 한다. 선배들은 후배들이 밥을 사면 무조건 기꺼이 응할 것이라는 착각에서 벗어나야 한다. 후배가 선약이 있거나 컨디션이 좋지 않다면 편하고 솔직하게 의사를 전달할 수 있는 그런 문화를 만들어야 한다.

이직보다 전환배치를 고민하라

사람들은 누구나 자기가 하는 일이 가장 어렵고 힘든 일이라고 생각하는 경향이 있다. 특히 신입사원은 부서 내 모든 사람의 눈치를 살펴야 하고, 문에서 제일 가까운 자리에 앉아서 특별한 고정 업무도 없이 부서 내 이런저런 허드렛일만 하면서 하루를 보내니 더욱 그러할 것이다. 하지만 한 5년 정도 한 부서에 있게 되면 업무가 익숙해지고 타성에 젖으며 동료들의 단점도 하나둘씩 눈에 들어오기 시작한다. 그리고 어느 순간 이곳은 나와 맞지 않는다고 생각할지도 모른다. 선후배, 시스템, 자신의 문제 등 그 이유는 다양할 수 있다. 당신이 이직을 생각하고 있다면 지금의 회사보다 더 좋은 회사를 선택할 것인지 혹은 규모는 작지만 당신의 역량을 발휘해 성과 창출에 기여할 수 있는 회사로 갈 것인지를 선택해야

한다. 연봉은 어느 정도이며 복지 혜택은 지금의 회사와 어떤 차이가 있는지도 꼼꼼하게 확인할 것이다. 마지막으로 인터넷에 이력서와 자기소개서를 등록하거나 과감하게 헤드헌터에게 연락을 취할 수도 있다. 이러한 일련의 일들은 직장인으로서 한 번쯤 도전해볼 가치가 있다.

하지만 항상 긍정적인 결과가 당신에게 돌아오는 것은 아니다. 의외로 냉정한 결과를 얻을 수도 있다. 당신은 많은 준비가 되어 있다고 생각하지만 신입도 아니고, 완벽한 경력사원도 아닌 애매한 위치인 탓에, 기업이 찾는 인재상과는 차이가 있을 수도 있다.

일이 이렇게 되어버린다면 과연 어떻게 해야 할까? 아무래도 이곳이 나의 천직이며, 나는 내가 하고 싶은 일을 하면서 살 팔자는 아닌 것 같다며 스스로를 위로하고 포기하고 말 것인가? 나 자신에 대한 냉엄한 현실과 마주했을 때 생각을 조금 바꾸어 조금 쉬운 방법을 선택할 수도 있다. 당신이 제일 자신 있는 분야의 회사, 외부적인 환경 변화에 항상 민첩하게 대응하지는 않아도 되는 회사, 이미 오랜 시간 동안 저녁에 술잔을 기울이며 회사생활을 포함한 이런저런 이야기를 허심탄회하게 나눈 동기가 있는 회사, 그런 회사가 바로 당신 앞에 있지 않은가?

그런 의미에서 볼 때 사내 이직을 하는 것이 당신이 하고

싶은 일을 하는 가장 쉬운 방법이 될 수도 있다. 한 회사에서 20년 동안 한 번도 부서를 옮기지 않고 자신의 일을 하는 사람과, 전환배치를 통해 끊임없이 새로운 부서를 접하고 새로운 일을 경험한 사람이 있다고 가정해보자. 과연 궁극적으로 회사에서 필요로 하는 인재는 누구인가? 어쩌면 회사에서는 묵묵히 20년 동안 한 부서에서 근무하는 사람을 더 높이 평가할지도 모를 일이지만 당사자 입장에서 보면 다양한 부서를 경험하는 것이 여러 가지 면에서 더욱 유리할 수 있다. 특히 회사가 업종을 변경하거나 대대적으로 조직을 개편하는 등 급격한 변화를 겪는 시점에는 더욱 그러하다. 한 부서에서 20년간 근무한 사람보다는 다양한 부서를 경험한 사람이 변화에 더 익숙하게 대처할 수 있을 테니 말이다. 빈번한 사내 이직을 권장하는 것은 절대 아니다. 다만 사내 이직이 퇴직 후 다른 회사로 이직하는 것보다 더 많은 기회를 제공할 수도 있으며 하고 싶은 일을 할 수 있는 가장 쉬운 경로가 될 수도 있다는 말이다.

막상 입사를 해보면 처음 배치 받은 부서 외에도 다양한 부서가 있고 다양한 사람이 함께 어우러져 있다는 것을 알 수 있을 것이다. 퇴사할 용기가 있다면 다른 부서로 전환배치를 신청할 용기도 있을 것이다. 회사에는 정말 다양한 부서가 있다. 자신이 하고 싶은 일을 지금 회사에서 다시금 찾아보자. 그렇게 되면 경

력의 연속성을 유지하는 것과 더불어 다양한 업무 경험을 통해 당신의 능력은 한 단계 더 도약할 것이다.

다양한 경험은 다양한 혜택으로 이어진다. 회사에서 다양한 경험을 한 사람들을 더 높이 평가해주는 경우를 종종 보았다. 만약 부서 이동 후 인정을 받게 되면 다양한 직무를 경험한 것은 본인 경력에 플러스 요인이 된다. 하지만 너무 잦은 부서 이동은 리스크가 있으므로 신중해야 한다. 너무 잦은 부서 이동은 조직생활에 문제가 있는 사람으로 오해를 받을 수도 있기 때문이다.

꼭 퇴사를 하겠는가? 아니면 전환배치를 통해 또 한 번 기회를 노려보겠는가? 처음 합격 문자를 받았던 설렘이 있는 회사에서 말이다.

열정도 대졸답게

대졸 신입사원에게 열정이 없다면 그 직장생활에 의미가 있을까? 어느 누구든 이 세상을 살아가기 위해서는 열정이 필요하다. 그중에서도 직장인으로서 대졸 신입사원의 열정에 대해 이야기해보자. 작게는 어떤 현상을 관찰하고 행동으로 옮기는 데 있어 좀더 많이 보고 다각적으로 해석하기 위해 노력하는 모습, 업무에 있어 발로 뛰며 땀 흘릴 각오가 되어 있는 모습, 누가 보더라도 항상 활기차고 부지런한 모습 등이 열정의 증거가 되겠다. 부족함 없이 자라 명문대까지 나온 신입사원이 열심히 뛰어다니는 모습이 참 보기 좋다는 칭찬까지 듣는다면 당신은 정말 좋은 출발을 하고 있는 것이다. 입사하면 '내가 대학교 졸업하고 이런 일까지 해야 하나?'라는 생각이 들 때가 많을 것이기 때문이다. 그럼에도 당신이

복사도, 영수증 정리도, 청소도, 행사 준비나 회식 자리 예약도 열정적으로 하는 모습을 보인다면 이미 이미지 메이킹의 절반 이상은 끝난 것이다. 복사를 하면서 부서의 업무를 파악하고, 영수증을 정리하면서 우리 부서가 주로 거래하는 업체를 알게 되고, 청소를 하면서 상사들이 주요 관심사를 알게 되고, 회식 자리를 예약하면서 동료들의 음식 취향까지도 파악할 수 있게 되니 얼마나 좋은 일인가? 우리에게 필요한 것은 무한 긍정의 마법이다. 열정에 긍정을 더하면 기적을 만들 수 있다고 했다. 어쩌면 제일 마지막에 승리하는 사람은 능력이 아니라는 조금은 바보스러운 열정을 마지막까지 가지고 있는 사람일 것이다.

취업설명회 특강 때 나는 이런 이야기를 한다. "제조업을 하는 회사에서는 기술과 성실성(열정)을 많이 본다. 아무리 기술이 뛰어난 사람도 꼭 필요한 순간 그 일을 하지 않으려 하거나 결근을 해버리면 기술을 가지고 있을 필요가 없다."

열정이 많은 사람은 간혹 이런 이야기를 듣곤 한다. "저 사람은 열심히 하는데 성과가 나지 않는다", "계속 헛수고만 하는 것 같다", "괜히 부하 직원 고생시키는 일을 왜 하는지 모르겠어." 많이 노력했는데도 그 결과가 주변 사람을 안타깝게 하는 경우도 생겨날 것이다. 반면 이런 말을 듣는 사람도 많다. "저 사람은 실력도 안되면서 열정도 없다", "하고자 하는 생각이 없다", "출근해

서 아무것도 하지 않으면 지겹지 않을까." 우리는 생각해봐야 한다. 어떤 이야기를 듣는 게 나은가? 지금 당장의 결과물이 내·외적인 영향으로 실망스럽더라도 걱정할 필요가 전혀 없다.

어제의 최고 기업이 어느 날 갑자기 무너질 수 있고, 위기의 기업이 직·간접적인 호재를 통해 정상에 우뚝 서기도 한다. 회사에서 구조조정을 한다면 분명 열정이 없는 사람이 곧 실력이 없는 사람이 될 테니 말이다. 여러분이 상상하는 결과에 도달하기 위해 제일 필요한 것은 당연히 열정이다. 이미 식어버린 열정은 아무리 따뜻한 무언가를 더한다 하더라도 쉽사리 데워지지 않는다. 지금 그 뜨거운 열정이 식어버리지 않도록 불태우고 또 불태우기를 바랄 뿐이다.

평론가가 되지 마라

어느 조직이든 조직 및 조직원을 분석하기 좋아하는 사람이 있다. 'A는 어떤 일은 잘하지만 어떤 일은 못한다', 'B는 능력은 뛰어난 데 게으른 것 같다', 'C는 열심히는 하는데 성과가 없다', 'D는 일 머리가 없는 것 같다' 등 이렇게 말이 앞서는 사람을 흔히 볼 수 있 다. 또는 누군가 열심히 생각한 아이디어를 두고 '그것은 예전에 다 해본 것인데 불가능하다', '현재 상황에서는 맞지 않다'는 등 부정적인 의견만 쏟아내는 사람도 있다. 심지어 조직 활성화를 위해 워크숍을 기획하는데 하나부터 열까지 트집을 잡고 이래도 싫고 저래도 싫고 불평불만만 늘어놓는 사람도 있다. 이들은 대체 로 아는 것이 많아 보인다. 회사와 조직의 현상을 보고 문제점을 분석하는 능력도 가지고 있는 것처럼 보인다. 항상 조직을 남의

일처럼 제3자의 관점에서 바라보기 때문에 어쩌면 전체적인 분석이 더 잘될 수도 있다. 마치 바둑이나 장기를 둘 때 훈수를 두는 사람이 전체 판을 더 잘 보는 것과 비슷한 이치다.

그렇다면 회사와 조직은 이런 평론하기 좋아하는 사람을 어떻게 생각할까? 아는 것이 많고, 현상과 문제점을 파악해 합리적으로 판단을 내리는 사람이라고 여길까? 얼핏 생각해보면 회사에 꼭 필요한 인재로 보일 수도 있을 것이다. 하지만 회사에서는 이런 부류의 사람을 그렇게 반기지 않는다. 회사에서 진행하는 프로젝트를 장기에 비유해보면, 장기에서 훈수꾼은 불청객일 뿐이나. 훈수꾼 입장에서 바라본 회사 내 조직 및 프로젝트는 단점만 두드러져 보인다. 솔직히 그들의 카운슬링은 상당히 합리적인 경우가 많다. 하지만 그런 훈수가 몇 차례 이어지다 보면 반드시 이런 생각이 들기 마련이다. "그렇게 잘 알고 우리가 잘못되었다고 비판을 할 거면 본인이 직접 하면 되지 않는가"라고 말이다.

입으로 일을 하는 평론가 부류들은 처음에는 주목받는 듯하다가 이내 조직에서 배척된다. 처음에는 오로지 업무를 위한 긍정적인 목적으로 이런저런 훈수를 두지만, 종국에 가서는 타인의 감정을 자극하는 말로 이어지고 심한 경우 조직 내 편 가르기까지 본의 아니게 주도하게 된다. 일부 기회주의자들은 본인에게 도움이 되거나 뚜렷한 업적이 나올 것으로 예상되는 업무에만 발을 담

그러고 해, 조직 내에서 좋지 않은 분위기를 연출한다.

어느 조직이든 누군가 반드시 해야 하는데 아무도 하지 않으려고 하는 일은 많다. 이 일은 이렇게 해서는 안 된다는 등 이런저런 말만 하지 평론가들은 선뜻 나서서 하려 들지 않는다. 더욱 꼴불견인 것은 이런 일을 맡아서 묵묵히 처리하는 진짜 일꾼들을 하찮은 대상으로 치부하는 것이다. 사람들이 자기의 위치에서 각자 묵묵히 일을 하고 있을 때 평론가들은 그들이 해놓은 업무를 기웃기웃하면서 '괜찮네', '잘되었네', '형편없네' 등 평가를 해댐으로써 마치 자신은 모든 걸 다 알고 있었다는 듯이 처신한다.

회사가 원하는 사람은 머리만 똑똑한 평론가가 아니라 현장을 직접 발로 뛰면서 보고 듣고, 끊임없이 고민하고 개선점을 찾고 문제를 해결하려고 진지하게 노력하는 사람이다. 귀찮은 일이기는 하지만 꼭 해야 하는 일을 하는 후배나 동료가 당신의 회사를 굴러가게 만든다.

끊임없이 제안하라

회사에서 생활을 하다 보면 부장, 팀장, 임원들이 하루 종일 모니터만 보고 있는 것처럼 느껴질 때가 있을 것이다. 그들은 그저 모니터만 보면서 시간을 때우고 있는 것일까? 결코 그렇지는 않다. 회사의 결정권자들은 어떻든 당신보다 더 많은 정보를 가지고 있는 사람들이다. 회사의 정책 방향 혹은 앞으로 일어날 일들에 대한 예측 가능한 정보 등 말이다.

회사에서 경력이 많아지고 직급이 높아지면 그에 상응하는 업무가 주어지는데 그것이 바로 의사결정권이다. 결국 부하 직원의 일은 최종 의사결정권자가 필요한 순간 제대로 된 의사결정을 할 수 있도록 돕는 일이다. 신입사원들은 최상위 결정권자가 최적의 결정을 할 수 있도록 의견을 제시하는 역할을 제대로 해야

한다. 회사에서 의견 제시는 대부분 중간관리자 이상에서 이루어지는데, 요즘과 같이 한 치 앞을 예측하기 어려운 사회에서 신입사원과 중간관리자가 함께 의견 제시를 할 수 있는 시스템이 있으면 참 좋겠다는 생각을 자주 한다.

물론 신입사원의 의견을 단계를 거쳐 의사결정권자에게 전달하는 방법이 있겠지만, 그 과정에서 왜곡될 가능성이 상당히 높을 뿐더러 중간관리자의 참신한 의견으로 둔갑할 가능성도 많다. 따라서 신입사원의 의견을 여과 없이 들을 수 있는 창구가 필요하다는 게 내 생각이다. 만일 뜻하지 않게 당신의 의견이 회사와 조직에 도움이 되었다면 그 자체만으로 충분히 뿌듯해할 만한 일이다. 회사생활은 긴 여정이므로 처음 몇 개의 성과에 너무 연연해하지는 말자.

이렇듯 자신의 아이디어가 어떠한 결과를 가져올지 지레 생각할 필요는 없다. 신입사원 시절에는 많은 의견을 제안하고 또 거부당해 보는 게 가장 좋다. 자신이 결정권자가 되면 더 많은 것을 실행에 옮길 수 있을 것 같지만, 하나의 사안이 결정이 되고 실행이 되고 결과가 도출되기까지는 많은 시간이 필요하다.

제안을 많이 해본 사람은 향후 결정권자가 되었을 때 조금 쉽게 결정을 내릴 수 있을 것이다. 그는 내려진 결정에 착수하고 결과를 도출하는 데 두려움이 없을 것이다.

일이 되도록 만드는 게 중요하다

상사로부터 어떤 업무 지시를 받으면 누구나 고민을 하게 된다. 어떤 방식으로 보고서를 만들고, 지금 단계에서 어느 정도까지 보고를 해야 하는지 말이다. 또 생각보다 시간이 지연되고 있다면 중간보고를 해야 하는지 말아야 하는지도 고민이다. 그렇다면 상사의 입장에서 생각해보자. 내가 상사라면 두 가지가 궁금할 것 같다. 첫째는 그 일이 잘 진행되고 있는지, 둘째는 현재 어느 정도까지 진행이 되었는지다. 상사가 궁금해하는 이 두 가지를 해소하기 위해서 중간보고의 단계를 거치는 게 필요하다. 시간이 오래 걸리거나 생각보다 지연되는 프로젝트는 반드시 상사가 물어보기 전에 적절한 타이밍을 잡아 보고를 해야 한다. 상사는 궁금한 사항이 생겨도 바로 물어보지는 않는다. 닦달하는 이미지로 비치

는 것이 싫기 때문이다. 한두 번쯤은 먼저 보고를 할 수 있도록 기회를 주고 기다린다. 그때 타이밍을 잡아야 한다.

최상위 관리자에게 업무 진행 사항을 보고하기 위해 중간보고서를 만들고 중간관리자의 보고를 거치는 과정에서, 그 관리자가 오랜 시간 피드백을 주지 않고 서랍 속에 보고서를 보관하고 있을 때가 있다. 이럴 경우에는 이 보고서의 용도가 '최상위 관리자가 궁금해 할 진행 사항을 정리한 중간보고서'임을 명확하게 밝혀야 한다. 그렇지 않으면 중간보고서 완성도를 높이기 위한 수정 시간 때문에 최상위 관리자에게 보고해야 하는 타이밍을 놓치게 된다.

중간보고가 필요한 또 한 가지 상황은 관련 부서와 협업이 필요할 때다. 유관 부서의 비협조로 업무가 잘 진행되지 않고 시간이 지연되는 경우다. 이런 경우 최상위 관리자는 대부분 '일이 늦어지는 것보다는 그런 일이 발생했는데도 대책 없이 손 놓고 있는 담당자들의 태도'에 더욱 화를 낸다. 실무자 선에서 해결하기 힘든 사안은 반드시 상위 관리자의 도움을 구해서 해결해야 한다. 결국 우리는 일을 하는 사람이다. 결론은 어떻게든 일이 되게 만들어야 한다는 것이다.

누구나 실수는 한다. 신입사원도 당연히 실수를 한다. 아무런 실수를 하지 않는 신입사원이 있다면 진짜 무시무시한 능력

을 가진 사원이거나, 선배들이 펼쳐놓은 업무 범위에서 한 발짝도 벗어나지 않는 안전지향형 신입사원 둘 중 하나일 것이다.

직장생활에서 중요한 것은 누구나 다 하는 실수 이후의 태도다. 본인이 바로 해결할 수 있는 범위 내의 실수라면 본인이 즉각적으로 해결하면 된다. 하지만 우리가 업무적으로 저지르는 실수들 중 우리 스스로 해결할 수 있는 일은 극히 드물다. 그럴 때는 최대한 빨리 실수가 있었음을 솔직히 인정하고 상사와 함께 대책 방안을 고민해야 한다. 상사에게 보고할 때는 반드시 실수를 만회하겠다는 의지를 함께 피력해야 한다. 본인이 생각하는 대책 방안과 소요 시간 등을 함께 이야기하면 더욱 좋다. 실수는 누구나 한다. 보고를 받은 상사도 과거 한두 건의 실수는 했을 것이다. 실수 이후의 당신의 태도가 바로 당신의 위기관리능력 평가와 직결된다. 실수를 당당하게 인정하고 해결해 나갈 의지로 가득한 신입사원이라면 실수 후에도 누구에게나 환영받을 수 있다.

인맥을 저축하라

저축은 당신의 삶을 윤택하게 해줄 것이다. 누구나 저축의 필요성은 잘 알고 있고 다양한 서적이나 매체를 통해 그 방법 또한 쉽게 접한다. 하지만 저축이 말처럼 그렇게 쉽게 되지는 않는다. 우리는 하루에도 수백 번 직·간접적인 광고와 마케팅의 홍수에 노출되어 있고, 그중에서도 홈쇼핑과 인터넷 쇼핑몰을 보면 왠지 꼭 사야할 것 같은 느낌이 든다.

'이 물건이 나에게 꼭 필요한 것일까?', '이것이 없다면 내가 살아가는 데 큰 불편함을 느낄까?' 이런 반문을 통해 낭비하는 습관을 최소화해야 한다. 소비를 하지 말라는 것이 아니다. 다만 낭비를 최소화해보자는 것이다.

금전 저축 못지않게 필요한 게 인맥 저축이다. 동호회나

단체에 가입하고, 참석할 필요가 없는 곳에 찾아가 술잔을 기울이는 등의 의도적인 인맥 저축을 이야기하는 것이 아니다. 자연스럽게 만나게 되는 사람들 사이에서 또다시 만나고 싶은 사람, 참 괜찮은 사람으로 기억되도록 노력하라는 것이다. 개인이 현재 가지고 있는 인맥만으로도 얼마든지 인맥 저축은 가능하다.

초등학교, 중학교, 고등학교, 대학교, 대학교에서 가입한 동아리, 친구의 친구, 아르바이트 인맥, 지금 사는 곳의 이웃, 부모님의 친구분 등. 이렇듯 우리가 과거, 현재, 미래에 만날 무수히 많은 사람이 나에게 얼만큼 중요한 존재인지 생각해보라.

당장 쓸모가 없는 10원짜리 동전도 우리는 저축을 한다. 일단 저금통에라도 넣고 본다. 그리고 급여를 쪼개 적금을 넣고 목돈을 마련하기 위한 세부적인 계획들도 촘촘하게 세운다. 인맥 저축도 마찬가지다. 오늘 생긴 동전이 들고 다니기에 부담스럽다고 다음 날 옷을 갈아입으면서 버리는 사람은 없지 않은가. 지금 당장은 효용이 없는 하찮아 보이는 동전이라도 잘 모아두다가, 동전이 어느 정도 모이면 지폐로 바꿔서 사용한다.

부하 직원이나, 때로는 나를 귀찮게 하는 친·인척, 속으로는 조금 무시하고 있었던 이웃, 내가 갑의 위치에 있다고 볼 수 있는 거래처 직원 등 이런저런 이유로 마음에 벽을 치고 나의 인맥이 될 일이 없을 것이라 치부한 사람들이 나중에 큰 자산이 된다. 성공한 사람들은 작은 만남 하나도 소중히 여기며 진정성 있게 다가가서 인연으로 엮어간 사람들이다.

　　은행원인 당신이 저소득 지역에 발령을 받아 창구 업무를 본다고 가정해보자. 어느 어르신이 하루가 멀다 하고 동전을 가져와 저금을 한다고 생각해보자. 바쁜 월말, 업무에 치인 당신은 인상을 쓰고 짜증스런 말투로 고객을 대할지도 모른다. 그러던 어느 날, 그 지역이 재개발되면서 땅값이 올라 어르신들이 모두 은행의 VIP 고객이 될 정도로 재력가가 되었다고 해보자. 그 어르신들에게 어쩌면 당신은 항상 짜증을 부렸던 직원, 인상을 쓰면서 일처리를 했던 직원으로 각인되어 있을 것이다. 당신 앞에 있는 소소한 인맥들이 당신 미래의 VIP 고객이라고 생각한다면 지금 당신이 어떤 식으로 그들을 대해야 할지 답이 나올 것이다.

　　미래는 누구도 예측할 수 없다. 다만 미래에 대한 준비는 누구나 할 수 있으며, 모든 것을 대할 때 깨어 있는 사고로 행동한다면 확신 또한 생겨날 것이다.

불가능을 상상하라

걸어 다니며 전화를 하는 세상이 올 것이라고 어릴 적에는 상상하지 못했다. 리모컨으로 차문을 열고 시동을 걸 수 있으리라는 것도 상상하지 못했다. 하물며 전화기로 사진을 찍다니 정말 놀랄 노자가 따로 없다. 하지만 이 모든 것이 현실이 되는 과정을 우리는 직접 눈으로 보고 몸으로 체험한 세대다. 이제 가능한 것은 너무 뻔한 것이 되었다. 불가능한 것을 세일즈 하는 것이 지금의 시대다.

코카콜라는 경쟁사의 견제에도 흔들리지 않는 기업이다. 광고를 보면 그 차이를 확연히 느낄 수 있다. 경쟁사의 광고들은 코카콜라를 견제해서 만들어진 광고가 많았다. 반면에 코카콜라는 어떻게 하면 콜라 판매의 비수기인 겨울에 판매량을 지속적으

로 유지할 수 있는지 고민한다. 그 결과 탄생한 것이 북극곰이 모델로 나온 광고다. 크리스마스 전후에는 산타클로스가 모델로 출연한다. 모든 탄산음료 회사가 비수기인 겨울철에 매출의 일부를 당연하다는 듯 따뜻한 음료시장에 반납할 때, 코카콜라는 겨울철 탄산음료 판매라는 불가능을 상상했다. 그 결과 산타클로스가 콜라를 마시고, 북극곰이 콜라를 마시는 그 모습을 어린 아이들이 고스란히 따라 하는 광고 효과가 발생했다.

또 코카콜라는 아프리카 사람들에게 콜라를 판매하기 위해 비행기로 아프리카에 콜라를 뿌린 것으로 유명하다. 영화 〈부시맨〉에서 콜라를 따려고 하는 엉뚱한 부시맨을 접했을 때는 그 이유를 잘 몰랐지만, 지금 생각해보면 코카콜라의 마케팅 행위였음이 분명하다. 만약 대다수가 맨발로 생활하는 아프리카에 신발을 팔아야 한다면 어떻게 할까? 땅에 압정을 뿌려놓는 방법도 있겠다. 물론 이 경우에는 신발을 팔기 전에 도덕성 문제로 불매운동이 일겠지만 말이다. 그렇다면 오른쪽 신발만 주고 왼쪽 신발은 판매하면 어떨까? 비즈니스의 세계에서 불가능은 없다. 안 되면 되게 하라! 우리의 심장을 뛰게 하는 것은 가능한 것을 잘했을 때가 아니라 불가능한 상상이 현실이 되었을 때다.

한겨울에 푸른 잔디를 심은 한 CEO가 있었다. 때는 1952년 12월. 한국전쟁은 대한민국의 영토를 폐허로 만들었고 그 전쟁

동안 많은 UN 병사가 목숨을 잃었다.

당시 미국의 34대 대통령 드와이트 아이젠하워Dwight Eisenhower가 한국을 방문해서 UN사절단과 함께 부산 UN군 묘지를 참배하기로 결정했다. 미군사령부는 전시 상황으로 UN군 묘지를 돌볼 경황이 없어 흙바닥을 그대로 방치해두었다. 차마 그 모습을 아이젠하워에게 보여줄 면목이 없자, 미군사령부는 대통령 방문 전에 황량한 느낌의 묘지를 정비해달라고 현대건설에 의뢰를 한다. 하지만 추운 겨울 대한민국 어디서도 푸른 잔디를 구할 수는 없었다. 이때 정주영 회장은 한 가지 아이디어를 생각해낸다. 그것은 푸른 보리 싹을 잔디 대신 심는 것이었고, 그는 트럭 30대를 동원해 실행에 옮겼다. 정주영 회장의 아이디어 하나로 모두가 불가능할 것으로 여긴 일을 해낸 것이다. 이후 미군에서 발주하는 공사의 대부분을 현대건설에서 수주하게 되었다.

선의의 경쟁자를 만들어라

세상에는 많은 라이벌이 있고, 라이벌은 서로에게 성장을 견인하는 훌륭한 스승이 되기도 한다. 그러기 위해서는 서로의 지식과 가치를 나누는 경쟁자가 되어야 한다. 서로의 생각을 공유하고 그 속에서 옳고 그름을 판단하고, 그런 시간들을 통해 나와 라이벌 사이에 서로 발전적인 관계가 자연스럽게 형성되어야 훌륭한 사회인으로 성장할 수 있다. 스포츠 스타 중에는 우리나라의 김연아 선수와 일본의 아사다 마오 선수가 그 대표적인 예일 것이다.

피겨스케이트에 대한 관심은 우리나라보다 일본이 더 빨랐다. 우리나라에서 김연아 선수가 피겨스케이트를 인기 스포츠로 만들었다면, 일본에서는 아라카와 시즈카 선수가 2004년부터 그 역할을 했다. 그리고 2006년 그녀가 토리노 동계올림픽 피겨

여자 싱글 금메달을 획득하면서 피겨스케이트에 대한 일본 내 관심은 절정에 달했다. 그리고 이 즈음에 아사다 마오가 등장했다. 일본은 아사다 마오의 어린 시절부터 시작해 그녀의 일거수일투족을 카메라에 담으려 했고, 성실한 이미지의 그녀는 일본 국민의 사랑을 독차지하게 된다.

한국에서는 1996년, 7세 때 피겨스케이팅을 시작한 김연아가 전국동계체육대회 등 각종 국내 피겨 대회에서 우승을 하며 그 재능을 인정받았다. 2004년 처음으로 출전한 ISU 공인 국제대회인 주니어 그랑프리에서 1위를 차지하며 김연아는 서서히 우리에게 그 존재를 각인시킨다. 그리고 시니어 대회를 거쳐 각종 대회에서 우승 메달을 획득한다. 결국 김연아는 2010년 벤쿠버 동계올림픽 당시 해외 언론들의 이목과 대한민국 국민의 관심을 한 몸에 받으며 총점 228.56점으로 세계 최고 기록을 수립하며 압도적인 점수 차로 우승한다.

1990년생 동갑인 그들은 어쩌면 영원한 라이벌이 될 수밖에 없었다. 대한민국과 일본에서 태어난 스포츠 스타라는 이유 하나만으로 강력한 라이벌이 된 것이다. 게다가 어렸을 때부터 맞붙은 국제대회에서의 성적 또한 엎치락뒤치락했으니 말이다. 그러나 이 두 선수가 라이벌이 되지 않았다면 과연 각 나라를 대표하는 선수로 성장할 수 있었을지도 생각해볼 문제다.

우리나라 기업인 중에는 이병철 회장과 정주영 회장을 라이벌로 꼽을 수 있다. 전자, 자동차, 조선에 이르기까지, 이 두 사람이 이룩한 산업 기반 덕에 지금도 대한민국의 많은 국민이 그들의 수혜를 입고 있다.

미국의 예를 들자면 오랜 친구이자 IT 업계의 최대 라이벌 빌 게이츠와 스티브 잡스가 있을 것이다. IT 업계 최대 라이벌인 이 둘은 지식과 가치를 공유하며 서로가 모르는 사이에 윈윈win-win했다. 둘은 너무 닮아 있었다. 오로지 좋은 제품을 만들어 사람들에게 가까이 다가서기 위해 노력했고, 칭찬과 독설을 적절히 행했으며 인재를 끌어모으는 것에도 많은 역량을 집중했다. 또한 둘다 브랜드 이미지를 중시했고, 한번 몰두한 업무는 반드시 해내고마는 집중력을 발휘하기도 했다. 소프트웨어에 역량을 집중한 빌게이츠와, 하드웨어에 역량을 집중하며 자신이 만들고자 하는 제품을 만든 스티브 잡스는 분명 서로 추구하는 가치관이 달랐다. 그러나 이 둘의 경쟁은 업계 전체의 시너지가 되었다.

살아온 환경과 배운 영역에 따라 가치관은 분명히 다를 수 있다. 그럼에도 각자의 가치관을 인정하고 그 속에서 내 삶과 타인의 삶을 모두 인정하는 선의의 라이벌은 분명 서로를 발전적으로 만든다.

개인 업무를 시키지 마라

우리는 모두 회사의 일원이며 회사의 성과 창출에 기여하고자 노력하고 있다. 이것은 직장인으로서 당연한 것이며 선택이 아닌 의무다.

어떤 사람이 임원의 비서로 채용되었다고 가정해보자. 그 사람은 임원의 스케줄을 관리하고 담당 임원이 역할을 잘 수행할 수 있도록 손님 응대 등 여러 가지 서포터 역할을 하게 될 것이다. 그러나 간혹 여기서 업무가 끝나지 않을 수도 있다. 예를 들면 가족과 떨어져 회사 사택에서 거주하고 있는 임원이 이사를 하게 되어 이삿짐을 옮기는 경우나, 대학원을 다니고 있어 리포트나 논문 준비를 위한 자료를 준비해야 하는 상황처럼 회사의 공식적인 '업무인 듯 업무 아닌 업무'가 생길 수도 있다.

결국 회사를 위해서 일하고 있는 것 같지만 동시에 상사를 위해 일을 하는 경우도 발생할 수 있다는 의미다. 물론 여기서는 이것이 옳다, 옳지 않다라는 식의 논쟁은 하지 않으려고 한다. 그저 직장인으로서 맞닥뜨릴 수도 있는 경우의 수 가운데 하나를 이야기하고자 한다.

2014년 말, 대한항공의 소위 '땅콩회항 사건'은 나라를 떠들썩하게 했다. 내가 주목하고 싶은 대목은 비행기 안에서 일어난 잘잘못이 아니라 그 이후의 사건들이다. 이 사건은 국제적으로 큰 이슈가 되었고 국내에서도 국토해양부와 검찰에서 관련 조사가 이루어졌다. 당시 언론보도에 따르면 항공사 임원이었던 C 상무는 해당 항공사 임직원들에게 허위 진술 및 허위 경위서 작성 지시, 검찰 압수수색에 대비한 컴퓨터 자료 폐기 등의 지시를 내렸다고 한다. C 상무는 자기가 할 수 있는 방법으로 최선을 다해서 회사에 충성을 했을 것이다. 물론 그 방법은 잘못되었지만 말이다.

이런 껄끄러운 이야기를 여기서 꺼내는 이유는, 나중에 선배가 되어서 후배에게 회사가 아닌 나를 위해 일하라고 업무 지시를 해서는 안 된다는 말을 하기 위함이다. 아주 드물기는 하지만 자신의 개인적인 일들, 예를 들면 논문 자료 정리나 경조사 참석자 명단 정리 등을 후배가 조금만 도와준다면, 본인은 회사 업

무에 더 많은 시간을 할애할 수 있다고 생각하는 상사도 있다. 하지만 상사의 이런 사소한 핑계로 후배 마음속에 있는 회사 사랑을 밀어내서는 안 된다.

신입사원과 후배사원은 회사의 성과 창출을 위해 입사를 했으며, 회사는 그 재원을 통해 최대의 이윤을 추구해야 한다. 그럼에도 상사의 개인적인 일에 부하직원의 시간이 할애되어 제 업무에 대한 동기부여가 사라지고 애사심이 퇴색된다면 회사로서는 많은 손실을 입는 것이다.

나를 찾아서

당신은 자기표현에 능한가? 나는 우연히 텔레비전에서 〈Who am I?〉 최진석 교수 편을 보고 '자기표현'의 중요성에 대해 깨닫게 되었다. 다음 내용은 그 강의 중 일부다.

> 우리는 보통 살아가면서 자기가 윤리적이고 주체적으로 살아간다고 생각하는데, 사실은 보편적 이념이 자기 안에 내면화된 것을 자기 기준으로 착각하는 경우가 많다. 우리는 많은 책을 읽는다. 그런데 우리가 읽은 것은 누군가가 쓴 것이다. 우리가 읽는 대상은 누군가가 써놓은 것이다. 책을 읽는 과정에 읽기와 쓰기가 교차되어 있다. 우리가 책을 읽는 이유는 언젠가는 나도 글로 쓰기 위함이다. 즉, 나 자신을 글로 표현하는 것이다. 책을 쓴다

→ 글을 쓴다 → 표현한다. 누군가의 책(글)을 읽기만 하다가 내가 걸어가야 하는 길, 쓰는 길을 잃어버리는 것은 아닌가? 우리는 공부를 열심히 한다. 우리가 공부를 하는 대상은 누군가 가르쳐놓은 것이며, 공부를 하는 목적은 나도 언젠가는 가르치는 입장이 되기 위한 것이다.

우리가 살아가는 일은 1) 정해진 것을 수용하는 것이 아니다, 2) 학습하는데 제한된 것이 아니다, 3) 정해진 것을 실천하는 것이 아니다. 살아가는 일을 한번은 정해보는 것이 중요하다. 결국은 나를 표현하는 것이다.

60세 먹은 지인이 최진석 교수에게 "배우는 일에 빠졌다"라고 말하자, 최진석 교수는 지인에게 "선생님은 앞으로도 창의적으로 되기 어렵겠습니다"라고 이야기했다고 한다.

지금 이 나이에 배우는 재미가 그렇게 좋다는 것이 말이 되는 것인가? 지금은 그만 배우고 자기를 표현해야 하는 시기다. 우리에게 배우는 것은 아름다운 일이지만 배우는 것이 습관이 되면 자기표현에 장애를 갖게 된다. 우리가 배우는 것은 다른 사람이 표현해놓은 것이다. 언제까지 다른 사람이 표현해놓은 것을 습득하면서 내가 잘하고 있다고 착각할 것인가? 배우는 것으로 만

족하면 안 된다. 배우는 것은 표현하기 위한 수단으로 존재해야 한다. 배우고 습득하는 것은 아름다운 것이지만 그것을 표현의 동력으로 만들지 못하는 배움은 한쪽에만 치우친 것이다. 배울 때는 표현의 동력이 필요하다. 읽을 때는 쓰는 동력이 필요하다. 들을 때는 말하는 동력이 필요하다. 자기의 활동은 읽기와 말하기, 배우기와 표현하기, 듣기와 말하기 사이에 있어야 한다.

최진석 교수의 강의를 들으면서 많은 생각이 들었다. 나는 입사부터 퇴사까지의 시간들을 진술하게 이야기할 수 있는가? 회사에 이미 만들어져 있는 틀 안에서 업무를 처리하고 상사가 오케이라고 이야기하면 그 모든 것에 따르기만 한 건 아닐까? 최소한 업무에서 자신의 뜻을 피력하고 그 뜻 안에서 업무를 진행해나갈 수 있는 능력을 지녀야 하는 것은 아닐까? 10년간 회사에서 업무를 배웠다면 나머지 20년 동안은 써먹어야 하지 않겠는가? 업무를 배웠다면 응용할 수 있는 동력이 필요하고 상사나 후배에게 어떠한 충고나 직언을 들었다면 정확하게 그 뜻을 이해하고 실행할 동력이 필요한 것은 아닐까?

드라마 〈골든타임〉에서는 환자의 다리를 절단하지 않기 위해 백방으로 알아보지만, 생명을 건지기 위해 어쩔 수 없이 다리를 절단해야 하는 상황에 처한 인턴 의사의 이야기가 그려진다.

수술실 옆방에서 교수는 그 인턴에게 질문을 한다.

최인혁 : (환자 수술실에) 가봤어?

이민우 : 에, 왜 말리시지 않으신 거에요? 이미 제 의견과 상관없이 결정하신 거잖아요?

최인혁 : 다리를 절단하면 안 되는 근거를 찾느라고 눈이 빨게지게 공부하는 자네 모습 대견스러웠다. 하지만 내가 염려스러운 것은 자네가 혹시 답을 정해놓고 거기에 맞는 근거를 찾는 것은 아닌지 하는 것이야. 잘라야 할지 말아야 할지 최적의 답을 찾아가는 과정과, 원하는 답을 정해놓고 찾아가는 과정은 분명히 다르다.

직장인들이 흔히 저지르는 실수다. 상사가 원하는 방향으로 이미 결론을 내려놓고 거기에 맞는 근거와 데이터를 찾아서 보고서를 작성하는 것, 혹은 어떤 업무를 하지 않을 이유와 핑계를 찾아다니는 것 말이다. 내가 어떤 업무를 기안을 하고 결정을 하고 실행을 하기 위해서는 내가 그 기준의 생산자로 등장해야 한다. 내가 기준을 정립하고 그 기준을 정착시켜나가기 위해 지금의 위치에서 무엇을 해야 할까? 이 고민이 깊어질 때 직장생활도 깊어질 것이다.

직장생활,
혼자 아닌 함께하는 것

회사생활을 하다 보면 조직이 자신과 맞지 않다고 이야기하는 경우를 많이 보게 된다. 그럴 때는 지금 속한 조직이 평등과 자유 중 어느 쪽을 추구하는지 고민해봐야 하며, 자신 또한 평등과 자유 중 어느 쪽에 가까운지 먼저 생각해봐야 한다. 그 후 자신을 조직이 추구하는 방향에 맞추도록 노력할 것인지 아니면 자신이 맞는 회사와 조직을 찾을 것인지 생각하고 판단해야 한다. 좋은 회사와 나쁜 회사를 논하기 전에 자신이 어떤 성향인지 정확하게 파악해보라는 말이다. 회사의 성향을 크게 두 가지로 나눌 수 있다.

1) 평등을 추구하는 회사
2) 자유를 추구하는 회사

평등을 방임하면 자유에 위배되고, 자유를 방임하면 평등에 위배된다. 평등을 추구하는 회사는 어쩌면 직원들의 자유에 가만히 눈감아주지 않을 것이다. 이런 회사는 결근, 지각에 엄격하고 정해진 시간에 정해진 업무량을 처리해야 한다. 그리고 그 결과에 따라 개인별 성과가 측정된다. 대한민국의 많은 회사들이 평등을 추구하는 회사들이며, 나 또한 평등에 가까운 성향을 가지고 있다.

반대로 자유를 추구하는 성향의 사람들은 어쩌면 자유로운 출근 시간에, 자유로운 복장으로 업무를 진행하며, 회의 또한 자유로운 분위기 속에서 진행하려 할 것이다. 이런 직원들을 평등의 굴레에서 일하게 한다면 답답해서 제 기량을 발휘하지 못할지도 모른다. 그렇기 때문에 자유를 추구하는 회사에서는 직원들이 스스로의 업무를 찾고 결과를 도출하는 것이 보편화되어 있는 것이다. 이런 회사는 IT업계 등 창의적인 업무를 하는 회사들이며 그 대표적인 예로 구글을 들 수 있겠다.

당신이 어떤 성향의 사람이고 어떤 성향의 회사를 다니든지, 조직의 일원이라는 사실을 잊으면 안 된다. 학력보다 더 중요한 것은 직장생활은 결국 조직생활이며 혼자가 아닌 함께하는 것이라는 자각이다. 언젠가는 회사의 리더, 사회의 중심세력이 될 당신이 성공 가도를 달리기 위해서는 당신을 진정 신뢰하는 파트너가 반드시 필요하며, 그 파트너는 하루아침에 만들어지는 것이 아니다.

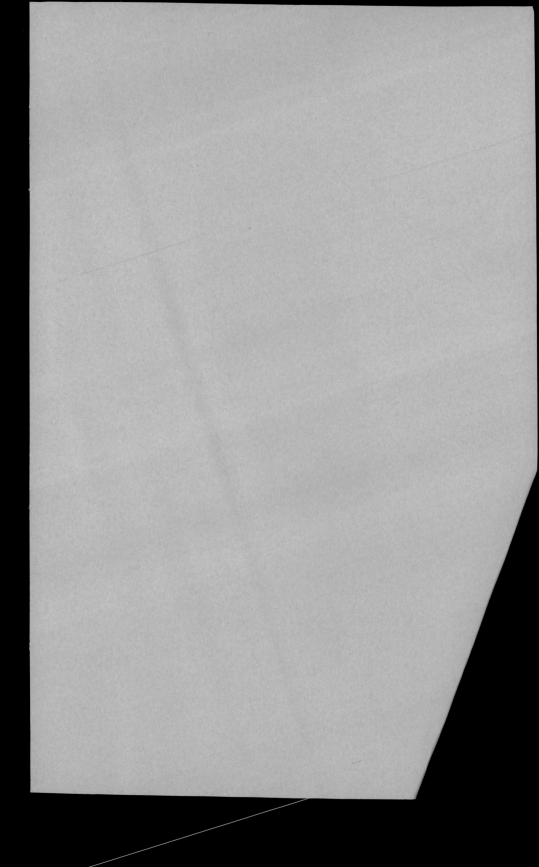